Je mange avec la nature

Colombe Plante

AdA Inc.

Typographie et mise en page : Carl Lemyre
Révision : Nancy Coulombe
Conception de la page couverture : Carl Lemyre
Graphisme : Carl Lemyre

ISBN 2-89565-035-7

Dépôt légal : deuxième trimestre 2002
    Bibliothèque nationale du Québec
    Bibliothèque nationale du Canada

Deuxième édition : 2002
Première impression : 2002

Données de catalogage avant publication (Canada)

Plante, Colombe, 1946-

    Je mange avec la nature

    2e éd.

    ISBN 2-89565-035-7

    1. Cuisine végétarienne   I. Titre

TX837.P53 2002   641.5'636   C2002-940584-X

Éditions AdA Inc.

172, Des Censitaires

Varennes, Québec, Canada, J3X 2C5

Téléphone :   450-929-0296

Télécopieur : 450-929-0220

www.AdA-inc.com

info@AdA-inc.com

Diffusion

Canada : Éditions AdA Inc.

Téléphone :   450-929-0296

Télécopieur : 450-929-0220

www.AdA-inc.com

info@AdA.com

France : D.G. Diffusion

        Rue Max Planck, B. P. 734

        31683 Labege Cedex

        Téléphone : 05.61.00.09.99

Belgique : Vander - 32.27.61.12.14

Suisse : Transat - 23.42.77.40

Imprimé au Canada

*Un merci tout spécial
à mon amie Julie Snyder
pour la confiance dont elle me témoigne
pour son alimentation*

Table des matières

Première partie : Pour une transition vers une saine alimentation

Deuxième partie : Mes recettes pour bien se nourrir

Mes déjeuners

Mes salades

Mes sauces à salade

Mes repas du midi

Mes repas du soir

D'autres repas légers

Mes desserts

Mes desserts sans sucre

Préface

Je suis ce que je mange. Cette conviction m'habite et me motive chaque jour à m'alimenter sainement. L'équilibre dans mon corps est le fruit d'années de recherches et d'expérimentations en cuisine. Aujourd'hui, il me fait plaisir de partager avec vous mes merveilleuses découvertes.

Je mange avec la nature. La Terre produit en abondance tous les aliments pour maintenir mon corps en santé et en harmonie. Les végétaux, remplis de vie, me procurent l'énergie à profusion pour demeurer dynamisée toute la journée. C'est pourquoi je savoure pleinement les cadeaux de la nature dans chacune de mes recettes.

Je partage mon amour pour la nourriture. Ma famille, réticente au départ à mes changements en matière d'alimentation, a constaté les merveilleuses améliorations de ma santé. Adélard ainsi que mes enfants, Josée et Stéphane, ont doucement développé leur goût pour une nourriture saine et m'ont par la suite encouragée à poursuivre mes démarches en éducation alimentaire. Je les remercie, de même que Vanessa, ma petite-fille, qui est devenue ma « complice » dans la cuisine…

Je communique ma joie de vivre en santé. Mes cours de cuisine sont imprégnés d'une foi sans réserve en la nature humaine à se guérir de tous ses maux. Ceux qui ont cru en moi, m'ont motivée à publier en toute simplicité mes choix et mes recettes. Mes précieux amis, François Doucet, Nancy Coulombe Doucet, Jean-François Gariépy, Diane LeBlanc et Serge Bélair, Jacinthe Fernet, m'ont grandement aidée dans la réalisation de ce livre. Pour l'amour qu'ils me témoignent, je tiens à leur dire encore une fois merci. Un merci spécial à Paul Rolland pour son logo.

J'entre dans votre cuisine. Je souhaite de tout cœur vous inciter à opter définitivement pour une nourriture saine et régénératrice en vous confiant les secrets de mon alimentation quotidienne.

Bon appétit !

Introduction

« La nourriture, c'est la vie. »

Mon livre de recettes s'inspire largement des cours que je donne depuis 16 ans en éducation alimentaire et en cuisine végétarienne. Il se veut un outil fort simple pour une transition progressive, agréable et respectueuse du cheminement de chacun vers une saine alimentation.

J'affirme que la santé obéit à une loi d'épanouissement intérieur qui régit toutes les sphères de notre vie. Si je prends soin de mon corps, de mes pensées et de mes émotions, mon métabolisme manifeste sa satisfaction en me procurant santé, bonheur et joie de vivre.

Le choix de mes aliments est empreint de cette conviction profonde. Toutes mes suggestions pratiques invitent à savourer pleinement le moment présent tout autant que la nourriture que je choisis.

Dans la première partie, j'explique les principaux aliments d'un régime végétarien et les règles qui déterminent l'équilibre nutritif de mes repas. Puis, dans la deuxième partie, je dévoile les excellentes recettes à la base de mon programme alimentaire journalier, soit mes déjeuners énergétiques, mes salades fraîcheurs, mes dîners protéinés, mes soupers céréaliers, mes repas légers, en terminant par de délicieux desserts-santé.

Cuisiner chaque jour renouvelle sans cesse mon plaisir et ma joie d'être consciente de consommer des aliments vivants et vivifiants. Je fournis à mon corps la meilleure nutrition possible : il est mon véhicule pour me permettre de me réaliser au travers ma vie. Il le mérite vraiment. Bien sûr cela m'a demandé un effort au début, comme tout changement. Cependant, tant de nouvelles saveurs inattendues m'ont séduites. J'ai pris goût à observer les règles du végétarisme qui sont devenues à mes yeux aussi simples qu'un jeu d'enfant. Ma qualité de vie aujourd'hui témoigne du succès de mon alimentation. Je souhaite pour cette raison vous transmettre mon amour pour la nourriture que la Nature nous propose en abondance.

*Pour une agréable transition
vers une alimentation saine*

À l'écoute de mon corps et de ses besoins

« Prendre soin de mon corps, c'est accueillir mon propre médecin intérieur. »

Pendant mes nombreuses années d'études auprès de différentes écoles (macrobiotique, naturisme, méthode Kousmine, combinaisons alimentaires, etc.) j'ai expérimenté divers types d'alimentation naturelle à la recherche de l'équilibre alimentaire parfait pour me redonner la santé que j'avais perdue.

Alliant les connaissances à la pratique, j'ai tiré les leçons de vie appropriées pour m'alimenter sainement et c'est ce que j'ai voulu transmettre en développant une méthode d'enseignement pertinente qui tienne compte de mes habitudes sociales, de mes activités physiques, des changements de saison, mais surtout de la nécessité de préserver la saveur agréable et connue des aliments.

Aujourd'hui je ne mange plus de viande depuis 23 ans et je m'en porte très bien. Cependant, je prends la précaution de balancer adéquatement mes menus quotidiens.

Si j'ai persévéré dans cette voie, c'est que j'ai respecté mon propre rythme, sans m'imposer de changements catégoriques, en accueillant sereinement certaines inquiétudes qui se sont graduellement envolées. Il en va de même pour tout être humain : il importe de demeurer à l'écoute de son corps et de ses besoins en tout temps !

Quelques règles m'ont permis d'habituer mon organisme au changement et de rendre la transformation plus harmonieuse.

Les voici :

1) Je mange en quantité suffisante… je m'arrête lorsque j'en ai assez.

2) Je mastique bien chaque bouchée : un aliment bien mastiqué et bien insalivé est à moitié digéré.

3) Je ne bois pas en mangeant. J'étanche ma soif par petites gorgées dans les 30 minutes précédant ou suivant un repas avec de l'eau distillée ou des tisanes.

4) Je consomme abondamment des légumes crus ou des fruits frais en début de repas car cela facilite la digestion en plus de neutraliser la somnolence liée à l'assimilation des aliments cuits.

5) Je favorise l'utilisation d'aliments congelés plutôt qu'en conserve et j'élimine toute nourriture contenant des produits chimiques et/ou des agents de conservation.

6) Une nourriture saine, le grand air et les exercices alimentent aussi bien mon corps que mes pensées positives, la musique et les moments de détente que je m'accorde peuvent le faire.

L'alimentation, l'épanouissement personnel et la santé forment un tout indissociable. Le choix d'une nourriture vivante, naturelle et régénératrice témoigne donc de ma volonté à m'approprier les plus beaux cadeaux que la vie puisse offrir :

Santé, Bonheur, Joie de Vivre et Amour.

Carnivore ou herbivore

« Les vaches qui ruminent paisiblement dans les prés semblent ne jamais se laisser atteindre par le stress de la vie. »

Une diète basée sur les grains, les légumes et les fèves peut nourrir jusqu'à 20 fois plus de personnes qu'une diète à base de viandes animales. Aux Etats-Unis, la moitié des terres est exploitée pour nourrir les animaux destinés à l'abattage. Si l'utilisation de ces sols fertiles était consacrée à la production de cultures végétales, nous pourrions nourrir facilement plusieurs millions de personnes… À l'échelle mondiale, la même décision enrayerait possiblement la faim dans le monde en quelques années seulement. De quoi nous faire réfléchir sur nos choix et le contenu de nos assiettes.

En réalité, la viande a une teneur plus faible en protéines que le fromage, les lentilles ou les fèves de soja. Quant aux besoins nutritifs de mon corps, une alimentation saine, variée et bien équilibrée me permet de vivre facilement sans consommer de viande ; ainsi j'instaure à nouveau une bienfaisante harmonie avec cette merveilleuse végétation que Dieu a créée. Et tout mon système vital voit du reste son efficacité augmenter par une facilité beaucoup plus grande à se libérer des toxines emmagasinées. Peu importait mon âge et mes anciennes habitudes de vie, j'ai vu ma santé revenir en intégrant doucement l'alimentation végétarienne dans ma vie.

Conséquence merveilleuse et formidable, j'ai bénéficié d'un épanouissement à tous les plans car ma qualité de vie s'est améliorée en même temps que ma santé. Pour cela, je prends plaisir à répandre dans mes cours mon goût de plus en plus

CARNIVORE (Tigre) a des griffes	HERBIVORE (Vache) pas de griffes	OMNIVORE (Humain) pas de griffes
pas de pores de la peau ; transpire par la langue	transpire par les pores de la peau	transpire par les pores de la peau
dents tranchantes pour déchirer ; pas de molaires aplaties pour broyer	pas de dents tranchantes à l'avant ; molaires à l'arrière	pas de dents tranchantes à l'avant ; molaires à l'arrière
fort acide hydrochlorique dans l'estomac pour digérer la viande	acide stomacal 20 fois moins fort que celui des carnivores	acide stomacal 20 fois moins fort que celui des carnivores
intestin mesurant 3 fois la longueur du corps pour permettre à la viande qui se putréfie rapidement de s'évacuer sans délai	intestin mesurant 10-12 fois la longueur du corps	intestin mesurant 12 fois la longueur du corps

grand de communier avec cette Nature abondante et bienfaisante, parce qu'ensemble nous pouvons contribuer à l'amélioration de toute la vie sur la Planète. En refusant d'acheter des produits contenants des agents de conservation, des colorants, des additifs chimiques ou encore des hormones, nous faisons déjà un grand pas dans ce sens.

Voici une petite anecdote lue dans un magazine il y a longtemps et qui m'a fait réfléchir : « Croyez-vous ressembler plus à un tigre ou à une vache, physiologiquement parlant ? »

En cohérence avec ma physiologie, j'opte donc définitivement pour un régime végétarien. Je caractérise celui-ci par l'emploi de végétaux entiers non traités, c'est-à-dire des céréales, des légumineuses, des noix, de même que des fruits et des légumes frais, crus ou cuits selon la saison. Au besoin, j'ajoute des œufs et des produits laitiers pour certaines recettes, dans la mesure où ils sont bien tolérés et proviennent de source naturelle.

Mon garde-manger naturel ne contient donc que des aliments qui ont subi un minimum de traitement, sans additifs ni agents de conservation. Je veille régulièrement à une rotation des ingrédients pour une fraîcheur assurée.

Mon garde-manger naturel

« Produits disponibles dans tous les bons magasins d'aliments naturels ! »

L'eau distillée (en bouteille ou par un distillateur domestique)
Boisson de soja (lait)
Les huiles de première pression à froid en particulier :
    les huiles de carthame, d'olive, de tournesol et de soja
Les beurres de noix : beurre d'arachides, d'amandes, de tournesols ou d'acajous, tous sans sel ajouté.

Mes ingrédients de base :

sauce tamari (remplace la sauce soja)
tahini (beurre de sésames)
levure alimentaire
les algues (Kombu, Hiziki, Agar-agar, etc.)
cubes de soja
concentré de légumes en pâte
concentré de légumes en poudre
miso (pâte fermentée faite avec des fèves de soja)
vinaigre de cidre

Mes assaisonnements préférés :

sel de mer, le sel « seloplante » (pour la table et les salades),
le sel de mer aromatique (pour les plats cuisinés),
le poivre de cayenne (remplace le poivre noir, irritant pour l'estomac),
l'ail, l'oignon émincé et
les fines herbes (basilic, origan, sarriette, thym…).

Les sucres naturels en remplacement du sucre blanc : les fruits frais en jus et séchés, le « Sucanat », le miel, la poudre de malt, le sirop de riz ou d'orge, le beurre de pomme, le sucre brut, le sucre « Demerara », le sucre « Turbinado » et le sirop d'érable.

Pour épaissir les sauces en remplacement de la fécule de maïs : la farine de marante, tapioca moulu (moudre au moulin à café), la farine de blé mou.

Les farines en remplacement de la farine blanche, beaucoup trop raffinée : la farine de maïs, la farine de sarrasin, la farine de riz, la farine de blé mou pour la pâtisserie, et la farine de blé dur pour le pain.

Les céréales sont une excellente source d'énergie : le millet, le boulghour, le sarrasin, l'orge, l'avoine, le riz brun et le riz basmati, le maïs, le blé et le seigle.

Les noix : les amandes, les noisettes, les noix du Brésil, les pacanes, les noix d'acajou, de pin, de grenoble, de coco, et les arachides des légumineuses qui se mangent comme des noix).

Les graines : de sésame, de lin, de tournesol et de citrouille.

Les légumineuses : les fèves rouges, noires, de soja, de lima, adzukis, mung, pinto, les pois chiches, les pois à soupe, et les lentilles brunes, rouges et vertes.

Les pâtes alimentaires : de blé entier, de soja, de sarrasin, de riz, de maïs, aux épinards et aux légumes.

Les protéines végétales : le tofu, les légumineuses, les graines, les noix, le fromage et le yogourt de soja.

La caroube : (un substitut de chocolat) en poudre, en capuchons, sucrés ou non.

Les fruits séchés : les dattes, les raisins, les figues, les ananas, les abricots, les papayes, les pommes et les pruneaux.

Les pains : il existe dans les magasins de produits naturels une grande variété de pains de bonne qualité. Par exemple, blé entier, germination, levain, galettes Azim, pains Pita, à l'épeaûtre, Kamut…

Les fruits et les légumes

« Un régime à base de fruits et de légumes frais, du soleil dans mon assiette et une vitalité assurée. »

Je commence toujours ma journée en buvant tranquillement un grand verre d'eau distillée pour m'assurer de bien éliminer les toxines de la veille. Ensuite, mes « exercices matinaux » réveillent toutes les parties de mon corps et me mettent en forme. L'heure du petit déjeuner correspond à un moment privilégié pour reminéraliser mon métabolisme par des fruits riches en vitamines (A, B1, B2, B6, C), en pectine, en fructose, en fibres et en eau. Facilement assimilables, l'été et l'automne nous offrent une grande variété et plusieurs possibilités de combinaisons exquises à découvrir. En voici quelques-unes :

Les fruits acides (citrus) : ananas, pamplemousses, oranges, citrons, limettes, kiwis, fraises, pommes vertes…

Les fruits semi-acides : raisins, prunes, pêches, poires, pommes rouges ou jaunes, bleuets, framboises…

Les fruits doux : bananes, dattes, figues, raisins secs, pruneaux…

Les melons (se mangent seuls ou entre eux) : cantaloups, pastèques, melons miel…

La tolérance aux fruits et à leur jus est personnelle à chacun. À moi de trouver ceux qui me conviennent le mieux et d'ajuster mes habitudes alimentaires en conséquence.

Le matin, tout en diversifiant le choix des fruits à l'intérieur d'une même catégorie, j'aime déguster un jus à l'extracteur. Voici quelques exemples parmi mes jus préférés :

orange-kiwi

ananas

pomme verte-céleri

pamplemousse

pomme-poire

poire-raisins-pêches

pomme-raisins

raisins-pomme-céleri

melons variés

poire-pomme-pêche

Les fruits sont aussi délicieux en salade ou dans une trempette. Avec des graines ou des noix, ils constituent un déjeuner énergique et nutritif ou une collation nourrissante. Dégustés en début de repas, ils facilitent l'absorption des aliments et évitent l'indisposition due à la fermentation.

Quant aux légumes, ils représentent 70% de ma consommation quotidienne aux repas du midi et du soir. Ils renferment de très grandes valeurs nutritives contenues dans un pourcentage élevé d'eau vivante apte à fournir aux cellules humaines une richesse de sels minéraux et de vitamines.

Je les consomme préférablement crus en début de repas (pour les mêmes raisons que les fruits) en jus, salades ou crudités assortis. Les variétés sont nombreuses :

Les légumes féculents : carottes, navets, panais, pommes de terre, maïs, citrouilles, courges Butternut…

Les légumes verts : laitues, choux, épinards, poivrons, céleris, concombres, brocolis, zucchinis, champignons, radis, aubergines, choux de Bruxelles, haricots, pois mange-tout, betteraves…

La préparation des légumes présente un éventail considérable de possibilités : en soupes, salades, pour accompagner des pâtes, des céréales ou des légumineuses. Savoureux chauds ou froids, la cuisson la moins prolongée préserve tant leur goût que leur valeur vitaminique.

En jus à l'extracteur, les légumes frais énergisent mon corps et s'assimilent très rapidement sans entraver la digestion de la nourriture qui suit.

Au contraire, les jus stimulent et favorisent ma régénération métabolique si je les consomme immédiatement (sinon, pour les préserver de l'oxydation, j'ajoute de la vitamine C ou du jus de citron frais). Voici d'ailleurs quelques suggestions fort agréables au goût :

carotte-betterave
carotte-céleri-persil
zucchini-concombre-luzerne
chou-carotte
brocoli-céleri-piment
carotte-céleri-épinard

Conseils pratiques pour fruits et légumes

1) Pour toutes mes recettes, les fruits et les légumes sont préalablement lavés à l'eau claire, brossés soigneusement ou, au besoin, trempés 15 à 30 minutes dans une eau savonneuse. Le savon utilisé est doux, biodégradable et se trouve dans tous les bons magasins d'aliments naturels. Il n'altère pas le goût des aliments lorsqu'ils sont bien essuyés à l'aide d'un papier absorbant ou d'un linge sec.

2) Si possible, en saison, je choisis des fruits et des légumes de culture biologique (sans pesticides, ni radiations…).

3) Je favorise la cuisson des légumes à la vapeur : dans un chaudron couvert, je dépose les légumes et très peu d'eau ; je porte à ébullition et diminue le feu pour laisser mijoter seulement le temps nécessaire afin qu'ils demeurent croquants. Je préserve ainsi le plus possible les valeurs nutritives.

4) Pour sauter les légumes dans un poêlon, je peux chauffer un peu d'huile à feu moyen et les faire revenir. Je préfère souvent déposer les légumes dans un poêlon anti-adhésif, cuire quelques instants à feu moyen et n'ajouter que de l'eau avec les assaisonnements.

5) J'ébouillante les fruits secs pour les laver avant de les consommer et je les fais souvent tremper 3 à 4 heures à l'avance ou toute une nuit pour les déconcentrer en sucre.

Lorsque mon corps est affaibli par un rhume ou tout autre dérangement, je limite ma diète à des fruits et des légumes frais, possiblement crus, en jus ou cuits légèrement. Ainsi, je permets à mon organisme de travailler adéquatement à éliminer les virus indésirables sans altérer ma vitalité par des produits plus lents à digérer.

Les céréales

« La moisson est abondante, j'en récolte les bienfaits. »

Les céréales, avec les légumes, les fruits, les noix et les légumineuses forment la base de l'alimentation végétarienne. Les céréales se dégustent aussi bien entières que germées et se marient très bien avec les légumineuses. Voici celles que j'utilise le plus dans mes recettes :

Le blé : cultivé au Québec, j'apprécie la diversité de ses dérivés. Il s'emploie sous forme de farine à pain, à pâtisserie, de blé entier (dans les salades, au déjeuner), concassé, en semoule, boulghour, couscous ou en flocons. Je lui trouve d'autres utilisations sous forme de poudre de malt (comme édulcorant), de son de blé (riche en fibres), de germes de blé comme chapelure) ou de gluten de blé (qui sert à la fabrication du seitan).

L'avoine est préférablement consommée sous forme de flocons : je m'en sers dans mes recettes de biscuits, crêpes, croquettes granola et gruau.

Le maïs : se déguste soufflé, en épi, au déjeuner ou dans différents plats de résistance. Ses dérivés sont la farine, la fécule, l'huile et la semoule.

Le millet : alcalin et facilement digestible, le millet remplace facilement le blé dans la majorité des recettes de soupes, tourtières, desserts ou comme céréales du matin.

L'orge mondé : au goût croquant, même après la cuisson, il se savoure dans la soupe, les plats au four, les croquettes, le pain, etc. N.B. : **l'orge perlé est à éviter** car il a subi plusieurs polissages qui détruisent la presque totalité de ses éléments nutritifs.

Le riz : diverses variétés de riz (long, court, sauvage, basmati, etc.) sont à la base de toutes sortes de plats cuisinés allant des soupes, aux desserts, en passant par les salades, le pain et les croustilles.

Le sarrasin : pour confectionner mes fameuses galettes au goût succulent et nutritif. Je suggère souvent de combiner cette farine avec le blé ou le maïs dans une foule d'autres recettes (muffins, pains, pâtes alimentaires).

Le seigle : je l'utilise surtout pour la confection de pains, ou de biscuits. C'est une céréale très énergétique et nourrissante, en particulier certains matins d'hiver.

Le kamut, l'épeautre et le Quinoa, sont aussi d'excellentes céréales...

Pour toutes les céréales, j'observe les directives suivantes : je les dépose dans l'eau bouillante car cela les empêche d'être collantes ; je les laisse mijoter à découvert en remuant le moins possible.

Je rôtis à sec certaines céréales entières afin d'augmenter leur saveur et de les rendre moins collantes.

Temps de cuisson des céréales complètes

Céréales (1 tasse)	Eau (tasses)	Cuisson
Avoine	4	2 h
Blé dur	3-4	2 h
Blé mou	3-4	2 h
Blé concassé	3	1 h
Boulghour	1 1/2-2	Tremper 30 min (dans l'eau bouillante)
Flocons d'avoine	2	20 min
Flocons de blé, de soja et de seigle	3	1 h (tremper avant)
Millet	1-2	20 min
Maïs en épi	Recouvrir d'eau	5 min
Orge mondé	3	1 h 1/2
Riz brun	2	40-45 min
Sarrasin entier	1 1/2	15-20 min
Seigle	3	1 h 1/2
Semoule de maïs	4	25 min

Les légumineuses

« Goûter à des aliments sains, même s'ils sont peu connus, est un merveilleux cadeau à faire à son corps. »

Pour apprendre à apprivoiser et à apprécier les légumineuses, il suffit de les introduire graduellement et en petite quantité. Il existe un choix abondant de légumineuses offrant une excellente source de protéines végétales, très adéquates, l'hiver en particulier, pour énergiser mon métabolisme. Elle sont cependant mal connues et peu utilisées par l'ensemble de la population. C'est pourquoi j'ai développé des recettes simples, faciles à réaliser, agréables au goût et aussi très économiques.

Voici la liste des légumineuses que j'utilise :

Les fèves séchées :

Adzukis : rouges rayées blanches, recommandées pour les reins.
Blanche : fèves au four, riches en fer et en vitamines.
Lima : alcalines, riches en vitamines, en calcium, en potassium et en fer.
Mung : vertes, germées, à ajouter aux salades, sandwichs, chop suey.
Rognon : forme et couleur du rein, pour les croquettes et les pâtés.
Soja : elles se transforment de plusieurs façons : noix de soja, huile de soja, boisson de soja, soja concassé, tamari, tofu, lécithine de soja, miso, farine de soja, tempeh, beurre de soja. Pas de cholestérol, très riches en vitamines, en fer, en calcium et en potassium.

Les lentilles :

Brunes, rouges ou vertes, elles ne nécessitent pas de trempage, sont riches en fer et en vitamines. Je les consomme germées, en salade, en soupe ou en croquettes.

Les pois secs :

Pois chiches : riches en sels minéraux, magnésium, fer, calcium et potassium. Utiliser surtout en purée à tartiner.
Pois jaunes : pour les soupes aux pois ou en purée.
Pois verts cassés : dans diverses soupes ou en purée.

La fève noire, la pinto, la flageolet, sont aussi d'excellentes légumineuses.

Pour les légumineuses, j'observe un tableau de trempage très rigoureux qui facilite la cuisson. Une fois les légumineuses égouttées, l'eau de trempage (non comestible) fait le régal de mes plantes. Je porte ensuite à ébullition avec une bonne quantité d'eau et maintiens un feu moyen, couvert, jusqu'à complète absorption. Au besoin, j'ajoute de l'eau jusqu'à ce que les légumineuses soient tendres.

Temps de trempage / Cuisson des légumineuses

1 tasse	Trempage	EAU	CUISSON	DONNE
fèves adzukis	8 h	3	1 h 1/2	2
fèves mung	8 h	3	1 h 1/2	2
fèves blanches	8 h	3	2 h	2
fèves de lima	4 h	2	1 h 1/2	1 1/2
fèves rouges	Brisent au Trempage*	3	1 h 1/2	2
fèves de soja	24 h	3	2 h	2
lentilles vertes	4 h (facultatif)	3	1 h	2 1/4
lentilles brunes	4 h (facultatif)	3	30 min	2
pois chiches	10 h	4	2 h	2
pois jaunes	10 h	3 à 4	2 h	2
pois cassés	8 h (facultatif)	3	1 h	2 1/4

*Voici une autre méthode plus rapide : pour toutes les légumineuses, les trier et les laver. Porter à ébullition dans la quantité d'au indiquée précédemment et laisser bouillir 5 minutes. Fermer le feu, couvrir et laisser tremper de 2 à 3 heures. Après ce temps, jeter l'eau de trempage et ajouter la même quantité d'eau pure et fraîche. Cuire de nouveau 45 à 60 minutes à feu modéré, à demi-couvert afin d'éviter le débordement.

N.B. : En jetant l'eau de trempage, j'élimine divers éléments qui favorisent les gaz intestinaux. Les algues Kombu ajoutées à l'eau de cuisson permettent aussi de diminuer les flatulences.

L'hiver et le printemps sont les périodes où j'apprécie le plus les légumineuses. Alors que les étalages des marchés d'alimentation offrent une moins grande variété de fruits et de légumes frais, les légumineuses m'offrent une alternative succulente et nutritive. Je peux même ressusciter leur énergie vitale par un procédé de germination qui accentue leur goût et leurs valeurs nutritives.

C'est un cadeau que je me fais lors de rudes journées froides.

Le tofu et le seitan

« Mon organisme peut prendre facilement 6 mois avant d'intégrer parfaitement un changement dans mon alimentation. Je m'accorde donc persévérance et tolérance. »

Mes viandes végétales, le tofu et le seitan, remplacent agréablement la chair animale, à condition de savoir les apprêter : ils prennent le goût des aliments et des assaisonnements avec lesquels ils mijotent. Excellentes sources de protéines, le tofu et le seitan, combinés aux autres aliments naturels, occupent une place de choix dans la construction de l'organisme, sa croissance et ses fonctions vitales.

Le seitan est un concentré de protéines préparé à partir du gluten de blé. On le fabrique avec la farine de blé dur. De consistance ferme et élastique, il s'emploie dans différents plats dont je raffole : les ragoûts, les brochettes, les escalopes, etc. Je peux le préparer moi-même, mais il se vend aussi en cubes précuits, en emballage sous-vide. Une variété de plats cuisinés requiert que je le passe au robot culinaire juste avant de le consommer. Ainsi, sauce à spaghetti, tourtière et pâté chinois se réalisent rapidement puisque je me contente de réchauffer le seitan avec les légumes cuits.

Le seitan se conserve quelques jours seulement au réfrigérateur mais peut aussi être congelé.

Le tofu, quant à lui, est connu depuis des millénaires en Orient. Conçu à partir d'un procédé de fermentation de la fève de soja, sa texture spongieuse, sa couleur blanchâtre et son goût neutre lui confèrent l'appellation de « fromage végétal ».

Nourrissant et économique, le tofu est excellent pour la santé. Au congélateur, il prendra une teinte brunâtre qui disparaîtra en dégelant mais sa texture deviendra granuleuse. Au réfrigérateur, une fois ouvert, je le recouvre d'eau fraîche que je change régulièrement aux deux jours pour une période maximum d'une semaine.

Les noix et les graines

Je consomme modérément les noix et les graines car ce sont des fruits très riches en huile et en protéines. Voici celles que l'on retrouve couramment sur le marché :

Les noix : l'amande (alcaline et reminéralisante), la noix d'acajou, la noix du Brésil, la noix de coco, la noix de Grenoble et la noisette (sauvage) ou aveline (cultivée).

Les graines : graine de citrouille ou autres courges (riche en vitamines et vermifuge), graine de lin (laxative), graine de sésame (riche en calcium), graine de tournesol (protéines de belle qualité, contenant beaucoup de minéraux et de la lécithine).

J'achète préférablement mes noix dans leurs écales pour les préserver intactes le plus longtemps possible, sinon je les achète crues et sans sel ajouté. Même chose pour les graines, au besoin je les trempe quelques heures (de 4 à 6 heures) afin de les rendre plus digestibles.

En collation ou pour rehausser la saveur d'un plat (exemple : ma salade chinoise), je rôtis les noix et les graines à sec et je les assaisonne avec quelques gouttes de sauce tamari. Suite à ce procédé, elles ne se conservent toutefois que 2 ou 3 jours sans que leur goût ne soit altéré.

Les produits laitiers et les gras

« Un lait d'amandes au déjeuner énergise et ensoleille ma journée. »

Dans la mesure du possible, je n'emploie que très peu de produits laitiers, d'œufs ou de gras saturés. Au besoin, comme liant, je préfère opter pour des laits végétaux ou des huiles de première pression à froid.

À l'occasion, certaines recettes peuvent être rehaussées par du yogourt ou des fromages écrémés, si mon organisme tolère de tels produits. Je cuisine néanmoins d'excellents substituts au lait de vache ainsi qu'au beurre ordinaire. Voici quelques alternatives remplaçant très bien la boisson de soja (vendue dans les magasins de produits naturels).

Lait d'amandes

12 amandes crues

250 ml (1 t.) d'eau

1 PORTION
PRÉPARATION : 10 MIN

- Faire tremper les amandes dans l'eau bouillante 5 minutes pour en détacher l'enveloppe brunâtre; égoutter.
- Au mélangeur, déposer dans 1 tasse d'eau fraîche et fouetter.
- Couler au tamis juste avant de boire.
- Se conserve 24 heures au réfrigérateur.

Pour agrémenter la saveur, ajouter une banane, des dattes, de la noix de coco ou de l'essence de vanille

Lait de sésames ou de tournesols

65 ml (¼ t.) de graines de sésame ou de tournesol crues
250 ml (1 t.) d'eau

1 PORTION
PRÉPARATION : 10 MIN

- Au mélangeur, déposer les graines ensemble ou séparément avec 1 tasse d'eau pour chaque ¼ de tasse de graines. Fouetter
- Couler au tamis au besoin.

Excellent au petit déjeuner, dans les céréales ou toute autre recette.

Beurre digestible

250 g (½ livre) de beurre non-salé
250 ml (1 t.) d'huile de carthame
sel de mer au goût

PRÉPARATION:

- Au mélangeur, déposer tous les ingrédients et fouetter à basse vitesse.
- Verser dans un contenant hermétique.
- Réfrigérer avant de servir.

Se tartine très bien.

Beurre de carottes

3 carottes
85 ml (⅓ t.) d'eau
125 ml (½ t.) de jus de carottes frais
15 ml (1 c. à s.) de tahini (beurre de sésame)
Sel de mer et poivre de cayenne au goût

PRÉPARATION :

- Cuire les carottes à la vapeur ou dans l'eau et laisser refroidir.
- Déposer au mélangeur les carottes et le jus de carottes avec, au besoin, un peu d'eau de cuisson, jusqu'à l'obtention d'une belle purée légère.
- Réfrigérer avant de servir.

Se conserve au réfrigérateur 3 jours.

Beurre d'avocat

1 avocat
jus d'un demi-citron
30 ml (2c. à s.) d'eau
sel et poivre de cayenne au goût

PRÉPARATION :

- Après avoir coupé l'avocat en deux, on peut le tartiner tel quel, ou le passer au mélangeur avec tous les autres ingrédients, jusqu'à l'obtention d'une crème épaisse.

On peut également ajouter du persil, des échalotes, de la ciboulette, des fines herbes, du basilic, etc. C'est simple et délicieux.

Lécithine liquide et huile

15 ml (1 c. à s.) de lécithine liquide

250 ml (1 t.) d'huile de soja ou autre

PRÉPARATION :

- Incorporer la lécithine à l'huile à l'aide d'un mélangeur.
- Conserver à la température de la pièce.
- Bien mélanger avant chaque utilisation.

Cette préparation est grandement appréciée pour plusieurs utilisations :

- Huiler un poêlon lors de la cuisson des légumes, des croquettes.
- Huiler les moules à gâteaux, à muffins et à pain.
- Pétrir le pain ou la pâte à pizza (empêche de coller).

C'est fantastique !

Un merci tout particulier à mon amie Betsy pour ce truc...

Quelques recommandations

« Quand je "mange" mes émotions, mon corps a plus de difficultés à bien assimiler tout surplus d'aliments. Dans les périodes de stress, je me contente souvent de fruits et de légumes frais, légers et nourrissants ! »

Voici des petites notions à retenir pour réussir mes recettes et rehausser tant la saveur que la qualité des aliments :

1) La cuisson des légumes : j'amène à ébullition mes légumes coupés dans un minimum d'eau (seulement pour couvrir le fond du chaudron). Je ferme le couvercle presqu'entièrement et je réduis le feu à très doux. J'évite de trop cuire pour ne pas éliminer trop de leur valeur nutritive et de leurs vitamines.

2) La cuisson des céréales : je dépose mes céréales et mes pâtes dans l'eau bouillante et je réduis légèrement le feu pour garder une ébullition constante. Encore une fois, je préfère consommer ma nourriture « al dente » – croquante – question de fraîcheur !

3) La cuisson des légumineuses : j'égoutte mes légumineuses pré-trempées et je les amène à ébullition dans de l'eau fraîche. Je couvre le chaudron presqu'entièrement et je laisse mijoter à feu moyen jusqu'à évaporation complète. J'ajoute de l'eau au besoin pour m'assurer que les légumineuses ne soient pas trop croquantes.

4) La conservation des aliments : je garde tous mes ingrédients secs dans des pots hermétiques. Je rince mes céréales, légumineuses, graines, noix et fruits secs, juste avant de les utiliser dans mes recettes. Mes fruits, mes légumes et mes plats cuisinés se conservent quelques jours au réfrigérateur, mais je jette tout ce qui m'apparaît moins frais, dont la texture ou la

couleur semble être altérée.

Je suis à l'écoute de mon corps : si je ne me sens pas attirée par un aliment, je ne m'impose pas de le manger « pour ne pas le perdre »…

5) La chapelure : je grille moi-même mon pain de blé entier que je pulvérise ensuite au mélangeur. Ainsi, j'ai toujours de la chapelure fraîche sous la main quand j'en ai besoin. Elle se conserve très bien au congélateur 3 mois.

6) La levure alimentaire : j'utilise une levure douce comme assaisonnement dans mes soupes, sauces et vinaigrettes. Riche en vitamine B, elle m'apporte un regain d'énergie supplémentaire au besoin. N.B. : ne pas confondre avec la levure de bière ou la levure à pain.

7) Les huiles : j'aime ajouter de l'huile première pression à froid vers la fin de la cuisson de mes plats pour préserver leur saveur et leur fraîcheur.

8) Le « mélangeur » : j'utilise beaucoup le mélangeur pour réduire mes aliments en purée. Anciennement nommé à l'anglaise « blender », il a été remplacé dans les foyers québécois par des robots culinaires à fonctions multiples, qui, à haute vitesse, exécutent aussi facilement le travail.

9) La coupe des fruits et des légumes : il m'arrive de couper grossièrement, hacher finement, émincer (trancher très mince), ou râper mes fruits et mes légumes selon mon inspiration du moment. Je vous invite à considérer mes recettes de la même façon !

Dans la mesure du possible, je concentre mes repas protéinés en début de journée pour terminer par des céréales ou des légumineuses, qui s'assimilent plus rapidement, afin de laisser reposer mon système digestif pour la nuit.

La classification de mes recettes suit un procédé tout

simple : des mets les plus légers (donc faciles à digérer) aux plus consistants (qui combinent plus d'aliments différents). Selon votre appétit, vous trouverez aussi des regroupements autour des produits de base de certains plats : les combinaisons de tofu, de seitan, de légumineuses, les crèmes de fruits, les muffins, etc.

Je souhaite de tout cœur nourrir à la fois votre estomac, votre santé et votre imagination culinaire, car c'est à chacun d'entre nous que revient la responsabilité d'écouter son corps, ses besoins et ses goûts personnels dans la réalisation d'un plat comme dans toutes les autres sphères de sa vie quotidienne !

« Que santé, bonheur et joie règnent dans votre cuisine… »

Mes déjeuners

Pour commencer ma journée en beauté et en bien-être,
je choisis le déjeuner approprié à mes besoins

J'opte pour des déjeuners plus légers en saison chaude
et plus consistants en saison froide

Compote pommes et poires

Un p'tit goût crémeux tout en douceur

4 pommes
4 poires
125 ml (½ t.) d'eau ou plus (au besoin)

2 PORTIONS
PRÉPARATION : 10 MIN
CUISSON : 15 MIN

- Peler et couper les pommes et les poires.
- Cuire à feu lent dans une petite casserole avec de l'eau jusqu'à l'obtention d'une purée
- Bien brasser.

- Servir chaud ou froid sur du pain rôti avec du beurre d'arachide, sur des crêpes, du pain doré, des muffins ou des gaufres…

N.B. : L'eau peut être remplacée par du jus de pommes.

Une légère douceur matinale

Mon petit caprice

Des gâteries aux fruits frais

1 pomme
1 poire
½ banane
12 raisins (couleur au choix)
beurre d'amandes

1 PORTION
PRÉPARATION : 15 MIN

- Laver et trancher tous les fruits en lamelles.
- Tartiner chaque morceau de pommes et de poires de beurre d'amandes et disposer sur une grande assiette.
- Recouvrir de tranches de banane et de raisins.

Simple, rapide et nourrissant ! Pour un goût un peu plus sucré, j'ajoute des dattes ou des figues.

Protéines sucrées aux fruits

Petit déjeuner éclair

Un régal pour les becs sucrés

2-3 pommes coupées en cubes
15 ml (1 c. à s.) de graines de tournesol (germées c'est excellent)
6 noisettes ou 5 ml (1 c. à thé) de beurre d'amandes
5 ml (1 c. à thé) de noix de coco non-sucrée
5 ml (1 c. à thé) de sirop de malt (facultatif)
cannelle au goût
jus d'un quartier de citron
250 ml (1 t.) de jus de pommes ou d'ananas

1 PORTION
PRÉPARATION : 15 MIN

❧ Déposer tous les ingrédients dans le mélangeur et réduire jusqu'à l'obtention d'un belle crème lisse.

Hum… Encore !

Salade de fruits et fromage cottage ou yogourt

Une légère douceur matinale

1 orange pelée
1 kiwi
1 grappe de raisins
nectarine ou pêche
1 prune
1 pomme
125 ml (½ t.) de fromage cottage ou de yogourt écrémé, ou de yogourt de soja

2 PORTIONS
PRÉPARATION : 15 MIN

- Laver puis couper les fruits en petits morceaux.
- Mélanger doucement avec une cuillère.
- Verser dans une assiette et déposer au centre le fromage cottage ou le yogourt écrémé.

Quel délicieux mélange !

Déjeuner soleil

Un peu d'exotisme dans ma journée

125 ml (½ t.) de raisins secs
85 ml (⅓ t.) de dattes
125 ml (½ t.) d'eau
65 ml (¼ t.) de noix de coco non-sucrée
vanille (au goût)

1 PORTION
PRÉPARATION : 10 MIN

❧ Laisser tremper les raisins et les dattes toute une nuit, puis jeter l'eau de trempage.

❧ Déposer au mélangeur avec l'eau, la noix de coco et la vanille si désiré, réduire en crème.

❧ Servir sur des pommes râpées. Excellent déjeuner convenant très bien pour l'hiver.

Mon soleil matinal

Trempette à la mangue pour les fruits

Un vrai rayon de soleil

1 mangue bien mûre, pelée
1 banane
15 ml (1 c. à s.) de beurre d'amandes
2-3 fruits au choix (pommes, poires, prunes, pêches, raisins…)

2 PORTIONS
PRÉPARATION : 20 MIN

- Réduire en crème au mélangeur la mangue, la banane et le beurre d'amandes.
- Couper les fruits en morceaux.
- Disposer les fruits dans une grande assiette autour de la trempette et déguster sans tarder.

Pour becs fins

Crème de poires

Savoureuse pour les fins palais

2-3 poires
2 dattes
15 ml (1 c. à s.) de noix de coco non-sucrée
15 ml (1 c. à s.) de graines de tournesol
une goutte de vanille
un soupçon de cannelle
15-30 ml (1 à 2 c. à s.) d'eau au besoin

2 PORTIONS
PRÉPARATION : 10 MIN

- Laver les poires puis les couper en morceaux
- Déposer au mélangeur tous les ingrédients et réduire en crème (ajouter un peau d'eau au besoin si le mélange est trop épais).

Un crémeux de bon goût

Coup de pouce

Un p'tit goût suret très agréable

190 ml (¾ t.) de luzerne germée
6 amandes
5 ml (1 c. à thé) de graines de sésame
2-3 oranges pelées
15-30 ml (1 à 2 c. à s.) d'eau ou de jus d'orange

1 PORTION
PRÉPARATION : 10 MIN

- Rincer à l'eau dans une passoire la luzerne, les amandes et les graines.
- Déposer tous les ingrédients dans le mélangeur et réduire jusqu'à l'obtention d'une crème lisse.

*N.B. : Ajouter 125 ml (½ t.) de jus dans le mélangeur
et déguster en breuvage.*

Un début de journée énergisant

Crème énergétique

Une excellente source complète d'énergie

15 ml (1 c. à s.) de céréales (sarrasin, blé ou millet)
6 amandes brunes
5 ml (1 c. à thé) de graines de lin
5 ml (1 c. à thé) de graines de sésame
5 ml (1 c. à thé) de graines de citrouille
5 ml (1 c. à thé) de graines de tournesol
3-4 fruits séchés (dattes, figues, raisins et/ou abricots…)
30 ml (2 c. à s.) d'eau ou plus
1 banane
15 ml (1 c. à s.) de noix de coco non-sucrée
un soupçon de cannelle
une goutte de vanille
fruits frais coupés en morceaux (facultatif)

1 PORTION
PRÉPARATION : 25 MIN

- Rincer à l'eau tous les ingrédients secs dans une passoire.
- Verser dans un petit bol et recouvrir le tout d'eau.
- Laisser tremper toute une nuit.
- Jeter l'eau de trempage au matin puis réduire en crème au mélangeur avec un peau d'eau fraîche.
- Ajouter la banane, la noix de coco, la cannelle et la vanille au mélange
- Réduire quelques secondes, puis verser dans un bol.
- Décorer au goût avec des fruits frais.

Ma crème protéinée

Fraîcheur matinale

Pour un regain de vitalité

6 amandes
5 ml (1 c. à thé) de graines de tournesol
5 ml (1 c. à thé) de graines de citrouille
5 ml 1 c. à thé) de graines de lin
15 ml (1 c. à s.) de germe de blé
2 poires
1 kiwi
10 raisins
125 ml (½ t.) de jus de fruits (ananas, pommes ou oranges)
5 ml (1 c. à thé) de levure alimentaire

1 PORTION
PRÉPARATION : 20 MIN

- Rincer les ingrédients secs à l'eau dans une passoire.
- Couper les fruits en morceaux.
- Mettre le tout au mélangeur et réduire en crème en ajoutant le jus de fruits et la levure.

N.B. : Les fruits peuvent varier au goût selon les saisons.

La beauté et le goût de chaque saison

Pouding au tapioca et aux fraises

Une rivière de saveur...

---

750 ml (3 t.) de fraises fraîches ou congelées

85 ml (⅓ t.) de miel

30 ml (2 c. à s.) de tapioca moulu

---

3 PORTIONS
PRÉPARATION : 5 MIN
CUISSON : 10 MIN

- Déposer tous les ingrédients dans un chaudron. Amener à ébullition. Diminuer et laisser mijoter quelques minutes.
- Retirer du feu et laisser refroidir jusqu'à épaississement.

Délicieux sur des crêpes, des galettes de sarrasin ou du pain doré.

Fantastique comme accompagnement

Galettes de sarrasin

Pour faire honneur à la tradition

500 ml (2 t.) de farine de sarrasin
585 m. (2 ⅓ t.) d'eau
2 ml (½ c. à thé) de soda à pâte
une pincée de sel de mer
30 ml (2 c. à s.) d'huile de tournesol ou autre

3 À 4 PORTIONS
PRÉPARATION : 5 MIN
CUISSON : 20 MIN

- Déposer tous les ingrédients dans un grand bol.
- Bien mélanger avec une cuillère de bois.
- Étendre une mince couche de mélange dans un poêlon anti-adhésif non huilé et dorer à feu moyen de chaque côté.

Le sarrasin, reconnu pour ses nombreux bienfaits, constitue un déjeuner très nourrissant durant la saison froide. Il se marie merveilleusement bien avec une purée de fruits au choix. Un vrai régal !

Le sarrasin à son meilleur

Crêpes de maïs

Un goût très différent à couleur dorée

250 ml (1 t.) de farine de maïs
250 ml (1 t.) de farine de blé mou
5 ml (1c. à thé) de sel de mer
375 ml (1 ½ t.) d'eau
15 ml (1 c. à s.) d'huile de tournesol
5 ml (1 c. à thé) de poudre à pâte
1 œuf (ou 85 ml (⅓ t.) de boisson de soja)

3 À 4 PORTIONS
PRÉPARATION : 15 MIN
CUISSON : 20 MIN

- Déposer tous les ingrédients dans un bol et battre avec un fouet ou à l'aide d'un batteur électrique.
- Étendre une mince couche du mélange dans un poêlon légèrement huilé et faire dorer de chaque côté.

- Servir avec de la compote de pommes ou poires, ou du beurre de pommes, ou de la mélasse, ou du sirop de riz…

La différence au naturel

Pain doré

Pour les gourmands, très nourrissant

2 oeufs
375 ml (1 ½ t.) de boisson de soja ou autre lait
65 ml (¼ t.) de poudre de malt ou de sucre brut
5 ml (1 c. à thé) d'essence de vanille
une pincée de sel de mer
cannelle si désirée
8 tranches de pain

4 PORTIONS
PRÉPARATION : 15 MIN
CUISSON : 15 MIN

- Fouetter tous les ingrédients au mélangeur.
- Verser dans un grand bol puis tremper à peine quelques secondes, chaque tranche de pain des deux côtés.
- Déposer dans un poêlon légèrement huilé et dorer de chaque côté.

- Servir avec une bonne purée de fruits sans sucre.

Mon mignon péché

Muffins aux pommes

Un goût fantastique en plus d'être nutritif

500 ml (2 t.) de pommes pelées et évidées
125 ml (½ t.) d'huile de soja
175 ml (⅔ t.) de sucre brut (ou plus au goût)
15 ml (1 c. à s.) de vanille
500 ml (2 t.) de farine de blé mou
5 ml (1 c. à thé) de soda à pâte
5 ml (1 c. à thé) de cannelle
1 ml (¼ c. à thé) de sel de mer

8 MUFFINS
PRÉPARATION : 20 MIN
CUISSON : 25 MIN

- Râper les pommes et déposer dans un grand bol.
- Ajouter l'huile, le sucre brut et la vanille puis bien brasser à la fourchette.
- Mélanger à part tous les ingrédients secs, puis incorporer au premier mélange sans trop brasser à la cuillère de bois.
- Verser cette pâte granuleuse dans des moules à muffins huilés.
- Cuire au four à 180 °C (350 °F) environ 25 minutes.

Mon péché mignon

Muffins aux dattes

Pour déjeuner sur le pouce

Partie 1

375 ml (1 ½ t.) de dattes

375 ml (1 ½ t.) d'eau

10 MUFFINS
PRÉPARATION : 5 MIN
CUISSON : 10 MIN

- Laver les dattes et déposer dans un chaudron avec l'eau.
- Amener à ébullition et laisser mijoter à feu lent quelques minutes en remuant.
- Retirer du feu et laisser refroidir.

Partie 2

85 ml (⅓ t.) d'huile de tournesol

585 m (2 ⅓ t.) de farine de blé mou

10 ml (2 c. à thé) de poudre à pâte

2 ml (½ c. à thé) de soda à pâte

5 ml (1 c. à thé) de vanille

85 ml (⅓ t.) de noix ou de graines de tournesol

PRÉPARATION : 15 MIN
CUISSON : 25 À 30 MIN

- Battre l'huile à la fourchette puis incorporer au mélange de dattes en brassant.
- Ajouter les autres ingrédients un à un en brassant pour humecter le tout.
- Verser dans des moules à muffins huilés.
- Cuire à 180 °C (350 °F) 25 à 30 minutes.

Nourrissants et sucrés sans sucre

Muffins son et raisins

Tous les bienfaits du son

85 ml (⅓ t.) d'huile de soja
125 ml (½ t.) de mélasse
175 ml (⅔ t.) de raisins secs
250 ml (1 t.) de boisson de soja
335 ml (1 ¼ t.) de son
690 ml (2 ¾ t.) de farine de blé mou
2 ml (½ c. à thé) de soda à pâte
10 ml (2 c. à thé) de poudre à pâte
pincée de sel de mer

12 MUFFINS
PRÉPARATION : 10 MIN
CUISSON : 25 MIN

- Mélanger l'huile, la mélasse, les raisins secs, la boisson de soja et le son.
- Mélanger les ingrédients secs puis y ajouter le premier mélange en brassant à la cuillère de bois.
- Déposer dans des moules huilés et cuire à 180 °C (350 °F) pendant 25 minutes.

Très riche en fibres et favorise l'élimination intestinale.

Un excellent début de journée

Mes salades

Mes salades sont toujours très colorées

*Certaines, bien consistantes, détiennent
les valeurs nutritives d'un repas complet*

*Les autres, plus légères, accompagnent
merveilleusement bien une variété de menus*

Salade jardinière

Un jardin de rêve dans votre assiette

1 piment jaune
1 branche de céleri
oignon espagnol (au goût)
250 ml (1 t.) de champignons
1 concombre
6 radis
12 feuilles de laitue romaine

4 PORTIONS
PRÉPARATION : 20 MIN

- Trancher très mince tous les légumes.
- Bien mélanger tous les ingrédients dans un grand bol avec la laitue déchiquetée.

Se sert avec une variété de vinaigrettes ou de sauces à salade.

Mon accompagnement passe-partout

Salade de carottes

Riche en bêta-carotène

1 branche de céleri
2 échalotes
4 carottes
85 ml (⅓ t.) de raisins secs
65 ml (¼ t.) d'huile de tournesol
jus d'un citron pressé
sel de mer aromatique et poivre de cayenne

2 PORTIONS
PRÉPARATION : 15 MIN

- Émincer le céleri et les échalotes ; râper les carottes.
- Déposer dans un grand bol avec les autres ingrédients et mélanger le tout.

Un léger nuage de couleur dans l'assiette

Salade de chou

Un goût tout à fait... chou !

1 petit chou
1 carotte
1 branche de céleri
échalote ou ciboulette
persil ou basilic frais
65 ml (¼ t.) de boisson de soja ou de yogourt
45 ml (3 c. à s.) de mayonnaise naturelle
15 ml (1 c. à s.) d'huile de tournesol ou autre
jus de citron au goût
sel de mer aromatique et poivre de cayenne

4 PORTIONS
PRÉPARATION : 10 MIN

- Râper le chou et les carottes ; émincer le céleri et l'échalote.
- Déposer dans un grand bol avec les autres ingrédients et mélanger le tout.

Sert aussi bien de garniture que de mets d'accompagnement.

Quel délice !

Salade à l'endive

Rompez avec les traditions !

2 endives
6 feuilles de laitue romaine
1 branche de céleri
½ piment rouge
6 olives noires
1 tomate fraîche

2 PORTIONS
PRÉPARATION : 15 MIN

- Déchiqueter les endives et la laitue et couper au goût les autres légumes.
- Mélanger le tout dans un grand bol.
- Arroser d'une sauce à salade au goût.

Les olives noires rehaussent cette salade originale et savoureuse.

Les gourmets son choyés

Salade fraîche d'automne

Haute en couleurs, riche en saveur

1 avocat
½ chou vert(petit)
½ chou rouge(petit)
1 betterave
2 carottes
1 lit d'épinards (½ paquet)

4 PORTIONS
PRÉPARATION : 20 MIN

- Couper l'avocat en cubes et râper les choux, les carottes et la betterave.
- Dans une grande assiette, faire un lit d'épinards puis disposer les cubes d'avocat au centre.
- Étaler les légumes râpés autour en alternant les couleurs pour décorer.
- Servir avec une sauce à salade.

De délicieux légumes au sommet de leur fraîcheur à l'automne.

Salade tonique

VOIR PHOTO PAGE 97

Salade verte au tournesol

Tournez votre assiette vers le soleil !

1 laitue au choix (romaine, boston, en feuilles…)
1 carotte
2 échalotes
250 ml (1 t.) de chou rouge
250 ml (1t.) de champignons
6 radis
olives noires au goût
30 ml (2 c. à s.) de levure alimentaire
125 ml (½ t.) de graines de tournesol

6 PORTIONS
PRÉPARATION : 20 MIN

- Déchiqueter la laitue, râper la carotte et hacher tous les autres légumes.
- Mélanger le tout dans un grand bol en ajoutant les graines de tournesol et la levure alimentaire.

Arrosée de vinaigrette passe-partout, cette salade se savoure également avec de la luzerne ou des fèves germées.

Quel délice!

Salade taboulé

Une bouffée de fraîcheur

3 tomates
250 ml (1 t.) de persil
1 oignon espagnol
500 ml (2 t.) de blé boulghour
500 ml (2 t.) d'eau
jus de 2 citrons
65 ml (¼ t.) d'huile d'olive
sel de mer aromatique et poivre de cayenne au goût

4 PORTIONS
PRÉPARATION : 20 MIN
CUISSON PRÉALABLE : 40 MIN

- Couper les tomates ; hacher finement le persil et l'oignon, puis mettre de côté.
- Rincer le blé boulghour à l'eau claire dans une passoire.
- Dans un chaudron, amener l'eau à ébullition, retirer du feu et y verser le blé boulghour.
- Laisser gonfler à découvert 40 minutes en brassant de temps en temps.
- Ajouter les autres ingrédients et bien mélanger.
- On peut réfrigérer un peu avant de servir, pour accentuer le goût.

Pour compléter la protéine et rehausser la saveur, ajouter un peu de noix de pin et/ou de la menthe fraîche.

En entrée, servir un jus de légumes frais à l'extracteur et une trempette de légumes. Le tout fait un repas exquis.

Quel délice !

Salade de pommes de terre et de maïs

Un p'tit goût de revenez-y

4 grosses pommes de terre
500 ml (2 t.) d'haricots verts
2 carottes
2 échalotes
1 piment rouge
1 branche de céleri
500 ml (2 t.) de maïs frais ou congelé (cuit)
30 ml (2 c. à s.) d'huile de carthame ou autre
30 ml (2 c. à s.) de mayonnaise maison
sel de mer aromatique, poivre de cayenne et basilic au goût
65 ml (¼ t.) de boisson de soja ou autre lait

4 PORTIONS
PRÉPARATION : 25 MIN
CUISSON : 25 MIN

- Cuire séparément les pommes de terre et les haricots.
- Laisser refroidir et couper en morceaux.
- Râper les carottes et hacher finement les autres légumes.
- Déposer tous les ingrédients dans un grand bol et bien mélanger.

- Déposer délicatement sur une grande feuille de laitue romaine. Joli et délicieux

Quelle différence !

Salade de betteraves

Y goûter, c'est l'adopter !

4 grosses betteraves

500 ml (2 t.) de coquilles de légumes

2 petits zucchinis

1 piment

1 branche de céleri

persil

2 échalotes

30 ml (2 c. à s.) d'huile d'olive ou autre

30 ml (2 c. à s.) de mayonnaise maison

sel de mer aromatique et poivre de cayenne au goût

4 PORTIONS
PRÉPARATION : 15 MIN
CUISSON PRÉALABLE : 30 MIN

- Peler et couper les betteraves en cubes, puis les faire cuire 20 minutes. Égoutter et mettre de côté.
- Cuire les coquilles de légumes dans de l'eau bouillante environ 10 minutes et rincer à l'eau froide.
- Hacher grossièrement les légumes.
- Déposer tous les légumes et les assaisonnements dans un grand bol. Bien mélanger.
- En dernier lieu, ajouter les coquilles en brassant légèrement (car elles changeront de couleur).

Savourer avec de la luzerne sur un lit de laitue boston ou en accompagnement avec du tofu braisé.

Tellement facile !

Salade de macaroni

À apporter en pique-nique

4 échalotes
1 carotte
1 branche de céleri
1 piment
1 ½ litre (6 t.) d'eau
500 ml (2 t.) de macaroni
85 ml (⅓ t) de noix d'acajou
fines herbes
sel de mer aromatique et poivre de cayenne
45 ml (3 c. à s.) de mayonnaise maison
65ml (¼ t.) de boisson de soja ou autre lait, ou yogourt

4 PORTIONS
PRÉPARATION : 20 MIN
CUISSON PRÉALABLE : 10 MIN

- Hacher finement les légumes et mettre de côté.
- Amener l'eau à ébullition et cuire les macaronis au goût.
- Rincer les nouilles avec l'eau froide et égoutter.
- Mélanger dans un grand bol avec tous les autres ingrédients.

Une recette à partager avec des amis, tous les jours comme dans les grandes occasions !

Spirale, coquille, macaroni, fusilli, etc.

Salade de millet

Un goût discret, doux pour le palais...

500 ml (2 t.) de millet

1 l (4 t.) d'eau

500 ml ((2 t.) de maïs frais ou congelé

1 piment rouge

½ oignon espagnol

1 carotte

1 branche de céleri

persil

45 ml (3 c. à s.) d'huile de carthame ou autre

30 ml (2 c. à s.) de sauce tamari

poivre de cayenne

65 ml (¼ t.) de boisson de soja ou autre lait

4 PORTIONS
PRÉPARATION : 15 MIN
CUISSON PRÉALABLE : 20 MIN

- Porter l'eau à ébullition, verser le millet et cuire 20 minutes à découvert.
- Rincer à l'eau froide, égoutter et laisser refroidir.
- Hacher finement les légumes.
- Déposer tous les ingrédients dans un grand bol et mélanger.
- Si c'est trop sec, ajouter un peu d'eau ou de sauce tamari.
- Servie sur un lit de haricots cuits jaunes et verts, cette céréale alcaline est reconnue pour sa très grande digestibilité.

Toutes les vertus du millet

Salade de blé

Pour refaire le plein d'énergie

125 ml (½ t.) de tofu
250 ml (1 t.) de blé en grain
900 ml (3 à 4 t.) d'eau
1 oignon
1 piment vert ou rouge
1 branche de céleri
2 ml (½ c. à thé) de moutarde sèche
500 ml (2 t.) de maïs en grain frais ou congelé
85 ml (⅓ t.) de mayonnaise maison
sel de mer aromatique et poivre de cayenne au goût

4 PORTIONS
PRÉPARATION : 15 MIN
CUISSON PRÉALABLE : 2 HEURES

- Couper le tofu en cubes ou rôtir dans un poêlon. Mettre de côté.
- Cuire le blé à part dans l'eau ; rincer, égoutter et laisser refroidir.
- Couper les légumes et déposer dans un grand bol.
- Mélanger le tout, assaisonner et laisser macérer quelques heures.

Un lit d'épinards complète agréablement cette recette.

La salade au goût surprenant

Salade chinoise

Le goût de l'Orient

1 piment vert
1 branche de céleri
2 échalotes
250 ml (1 t.) de champignons
500 ml (2 t.) de fèves germées
500 ml (2 t.) d'épinards
500 ml (2 t.) de riz cuit
175 ml (⅔ t.) de noix d'acajou nature
persil au goût

**SALADE 4 PORTIONS
PRÉPARATION : 15 MIN**

❧ Trancher très mince le piment, le céleri, les échalotes et les champignons. Déposer dans un grand bol avec les autres ingrédients.

❧ Bien mélanger le tout puis ajouter la sauce à salade qui suit :

Sauce
125 ml (½ t.) d'huile de soja ou de tournesol
65 ml (¼ t.) de sauce tamari
2 gousses d'ail pressées
poivre de cayenne au goût

PRÉPARATION : 5 MIN

❧ Bien mélanger à part tous ces ingrédients et laisser mariner.

Cette sauce à salade est meilleure lorsqu'on la prépare quelques heures ou une journée à l'avance. Se conserve 3 semaines au réfrigérateur.

Très nourrissante, cette salade contient tous les éléments d'un repas équilibré et succulent.

La favorite de tous

Salade de fèves rouges

À la Mexicaine

250 ml (1 t.) de fèves rouges (rognon)
750 ml (3 t.) d'eau
4 échalotes
1 piment
1 tomate
1 branche de céleri
1 gousse d'ail pressée
jus d'un citron (ou plus)
30 ml (2 c. à s.) d'huile de carthame ou autre
basilic et persil au goût
sel de mer aromatique et poivre de cayenne

2 PORTIONS
PRÉPARATION : 20 MIN
CUISSON PRÉALABLE : 1 HEURE 1/2

- Cuire les fèves rouges dans l'eau, rincer, égoutter et laisser refroidir.
- Couper la tomate en cubes et hacher les autres légumes.
- Déposer dans un grand bol, ajouter les autres ingrédients.
- Mélanger le tout et servir.

Pour varier, choisir une autre légumineuse et compléter avec de la laitue, des noix ou des graines de tournesol.

Des fèves succulentes

Salade de pois chiches

Pour les bons appétits

125 ml (½ t.) de pois chiches
et 500 ml (2 t.) d'eau
125 ml (½ t.) de riz brun
et 250 ml (1 t.) d'eau
2 piments de couleur
2 tomates
1 zucchini
2 échalotes
1 branche de céleri
30 ml (2 c. à s.) d'huile de carthame ou autre
jus de citron au goût
sel de mer, poivre de cayenne et basilic

4 PORTIONS
PRÉPARATION : 15 MIN
CUISSON PRÉALABLE 1 HEURE 1/2

- Cuire les pois chiches pré-trempés et le riz brun séparément.
- Rincer à l'eau froide.
- Couper les légumes en petits morceaux.
- Mélanger le tout dans un grand bol et assaisonner.

Sur un lit de laitue fraîche, cette salade devient un repas complet et équilibré.

Quel délice !

Mes sauces à salade

La fraîcheur d'une vinaigrette rehausse la saveur
d'une salade tout en contribuant
à une alimentation saine et équilibrée

Vinaigrette « passe-partout »

Un p'tit goût piquant

250 ml (1 t.) d'huile de carthame ou autre
jus d'un citron
30 ml (2 c. à s.) de sauce tamari
1 ml (¼ c. à thé) de miel
2 gousses d'ail pressées
fines herbes et poivre de cayenne au goût

285 ML
PRÉPARATION : 10 MIN

❧ Bien mélanger tous les ingrédients.
❧ Se conserve au réfrigérateur durant un mois.

Se marie bien avec toutes les laitues et autres légumes.

Savoureuse

Sauce à l'huile

Simple comme bonjour

125 ml (½ t.) d'huile de carthame ou d'olive
85 ml (⅓ t.) d'eau
65 ml (¼ t.) de sauce tamari
une pincée de poivre de cayenne
5 ml (1 c. à thé) de basilic
1 gousse d'ail pressée ou ciboulette au goût

285 ML
PRÉPARATION : 5 MIN

☞ Bien mélanger tous les ingrédients dans un bol et laisser macérer quelques heures.

☞ Se conserve au réfrigérateur durant 1 mois.

Rapide à préparer, dépanne adéquatement sur n'importe quelle salade.

Rapide, simple et excellente

Vinaigrette santé

J'apprécie ses bienfaits

250 ml (1 t.) d'huile d'olive
65 ml (¼ t.) d'eau
15 ml (1 c. à s.) de levure alimentaire
jus d'un demi citron frais
1 ml (¼ c. à thé) de curcuma ou de moutarde sèche
sel de mer aromatique et poivre de cayenne au goût
ciboulette ou persil haché

2 PORTIONS
PRÉPARATION : 10 MIN

- Bien mélanger dans un bol et réfrigérer.
- Se conserve 3 semaines au réfrigérateur.

Cette vinaigrette est très digestible

Ma préférée

Sauce au tahini

Un goût à découvrir et à apprécier

125 ml (½ t.) de tahini (beurre de sésame)
125 ml (½ t.) d'eau
65 ml (¼ t.) de sauce tamari
poivre de cayenne au goût
1 gousse d'ail émincée
fines herbes au goût

325 ML
PRÉPARATION : 5 MIN

- Bien mélanger le tout et réfrigérer.
- Se conserve 3 semaines au réfrigérateur.

Un petit goût salé savoureux avec du chou, des carottes râpées ou toute autre salade.

Un petit goût salé

Vinaigrette César

Onctueuse et digestible

190 ml (¾ t.) d'huile de carthame ou autre
190 ml (¾ t.) d'eau
85 ml (⅓ t.) de vinaigre de cidre
1 ml (¼ c. à thé) de miel
5 ml (1 c. à thé) de sel de mer
250 ml (1 t.) de poudre de lait
15 ml (1 c. à s.) de moutarde sèche
2 ml (½ c. à thé) de curcuma
15 ml (1 c. à s.) d'oignons émincés séchés
poivre de cayenne et basilic

753 ML
PRÉPARATION : 10 MIN

- Dans un mélangeur, mettre tous les ingrédients sauf le basilic et les oignons séchés.
- Brasser à grande vitesse.
- Ajouter le basilic et les oignons. Brasser légèrement.
- Se conserve au réfrigérateur pendant un mois.

Succulente sur une laitue romaine saupoudrée de croûtons de pain et de pépites de soja à saveur de bacon !

La César maison étonnante

Sauce à l'avocat

Toute en douceur

jus d'un demi-citron
1 avocat bien mûr
125 ml (½ t.) d'eau
1 gousse d'ail ou ciboulette
1 lamelle de piment
½ branche de céleri
sel de mer aromatique et poivre de cayenne au goût

200 ML
PRÉPARATION : 20 MIN

- Couper l'avocat en deux pour le vider.
- Mettre au mélangeur l'avocat en morceaux avec tous les autres ingrédients puis bien brasser.
- Servir immédiatement.

Une sauce riche et onctueuse qui rehausse la saveur des légumes frais.

La sauce surprise

Mayonnaise maison

Une réussite à tout coup

190 ml (¾ t.) d'eau
65 ml (¼ t.) de vinaigre de cidre ou 2 citrons pressés
1 ml (¼ c. à thé) de miel
5 ml (1 c. à thé) de sel de mer
15 ml (1 c. à s.) de moutarde sèche
0.5 ml (⅛ c. à thé) de curcuma
250 ml (1 t.) de poudre de lait
315 ml (1 ¼ t.) d'huile de tournesol

850 ML
PRÉPARATION : 10 MIN

- Déposer tous les ingrédients dans le mélangeur sauf l'huile et battre à grande vitesse pendant 2 minutes.
- Diminuer la vitesse du mélangeur et ajouter l'huile en filet.
- Se conserve 1 mois au réfrigérateur dans un pot de vitre.

- Pour clarifier au moment de l'utilisation sur une salade, ajouter un peu d'eau et du jus de citron.

Excellent pour tartiner sur du pain ou des biscottes.

Alternative ingénieuse et crémeuse

Mes repas du midi

Afin de me donner l'énergie dont j'ai besoin
pour demeurer vitalisée toute la journée,
je choisis d'inscrire à mon menu du midi
des repas à base de protéines complètes

Une grande variété d'aliments d'origine végétale
contient tous les acides aminés dont mon corps a besoin
pour se maintenir en forme sans faire appel à la chair animale

Trempette de tofu et de fenouil (p. 121)
Salade fraîche d'automne (p. 73)
Croquettes de panais et de carottes (p. 133)

Ragoût de seitan du temps des fêtes (p. 129)
Pâté aux légumes et au tofu (p. 126)

Crème tofu aux fraises (p. 165)
Croûte de tarte croustillante et purée de fruits
(pommes et ananas) (p. 178 et p. 187)

Mon pâté santé (p. 146)

Carottes à l'ail

Un succulent accompagnement

6 carottes
4 gousses d'ail émincées
sel de mer aromatique et poivre de cayenne
45 ml (3 c. à s.) d'huile au goût

3 PORTIONS
PRÉPARATION : 5 MIN
CUISSON : 20 MIN

- Couper les carottes en bâtonnets.
- Les déposer dans une casserole allant au four, ajouter les autres ingrédients en terminant par l'huile que l'on met en filet sur le dessus.
- Couvrir et cuire au four à 180 °C (350 °F) 20 minutes ou cuire à la vapeur (dans ce cas, ajouter les assaisonnements et l'huile en dernier seulement).

N.B. : Délectable servi avec des légumineuses

Essayez-les avec des fèves de lima, c'est mon délice.

Graines de tournesol ou de citrouille grillées

Mes petits compléments

125 ml ((½ t.) de graines de tournesol ou de citrouille

15ml (1 c. à s.) de sauce tamari

2 PORTIONS
PRÉPARATION : 5 MIN
CUISSON : 5 MIN

- Déposer les graines dans un poêlon anti-adhésif et griller légèrement à feu doux.
- Retirer du feu et ajouter la sauce tamari.

Les graines se grillent aussi ensemble. Elles apportent un supplément alimentaire nutritif dans une salade ou dans d'autres mets.

Plat d'épinards et de fromage cottage

Une lasagne originale

1 sac d'épinards
1 oignon en tranches
1 grosse tomate
1 branche de céleri
1 piment rouge
1 zucchini
500 ml (2 t.) de fromage cottage écrémé
125 ml (½ t.) de graines de tournesol
sel de mer aromatique et paprika

4 PORTIONS
PRÉPARATION : 15 MIN
CUISSON : 12 À 15 MIN

- Laver et assécher les épinards.
- Trancher les autres légumes.
- Huiler un plat de 9" X 11", couvrir le fond avec les épinards hachés, ajouter les légumes en alternant avec les rangs d'épinards, de fromage cottage et les graines de tournesol.
- Assaisonner et cuire au four à 180 °C (350 °F) de 12 à 15 minutes.

Je sers avec du couscous, du millet ou du pain.

Ce plat demande très peu de temps de préparation et se déguste sur le pouce.

Boulettes d'aubergine

Un délice pour les fins gourmets !

1 aubergine moyenne
500 ml (2 t.) de chapelure de pain de blé entier
375 ml (1 ½ t.) de fromage
2 oignons verts hachés finement
2 oeufs battus
30 ml (2 c. à s.) de persil frais
1 gousse d'ail
sel de mer aromatique et poivre de cayenne
15 ml (1 c. à s.) de graines de sésame ou de tournesol moulues
1 carotte râpée

2 PORTIONS
PRÉPARATION : 15 MIN
CUISSON : 10 MIN

- Peler et couper l'aubergine en cubes et cuire à la vapeur.
- Réduire en purée.
- Ajouter tous les autres ingrédients et suffisamment de chapelure afin de façonner des boulettes qui se tiennent bien.
- Huiler le fond d'un poêlon et dorer de chaque côté.

Sauce à spaghetti

C'est bien meilleur sans viande

30 ml (2 c. à s.) d'huile de tournesol
1 gros oignon
2 gousses d'ail
500 ml (2 t.) de champignons
2 branches de céleri
2 carottes
1 piment vert
796 ml (28 onces) de tomates en conserve
796 ml (28 onces) de jus de légumes
500 ml (2 t.) d'eau
156 ml de pâte de tomates (petite boîte)
85 ml (⅓ t.) de graines de tournesol moulues
65 ml (¼ t.) de graines de sésame moulues
2 feuilles de laurier
65 ml (¼ t.) de sauce tamari
125 ml (½ t.) de blé boulghour
basilic, sel de mer aromatique et poivre de cayenne au goût

8 PORTIONS
PRÉPARATION : 25 MIN
CUISSON : 20 MIN

- Couper finement tous les légumes et les faire revenir dans l'huile.
- Ajouter tous les autres ingrédients SAUF le blé boulghour et la sauce tamari.
- Laisser mijoter à feu moyen 15 minutes.
- Ajouter le blé boulghour et la suce tamari.

N.B. : Si la sauce est trop claire, ajouter un peu plus de blé boulghour.

Variante : Je remplace les graines de tournesol et de sésame par un bloc de tofu émietté ou 500 ml (2 t.) de seitan haché.

C'est une recette fort appréciée. Également délicieuse en lasagne.

Enfin une sauce délicieuse sans viande !

Pizza jardinière

Bien meilleure faite à la maison

Pâte

2 ml (½ c. à thé) de miel

175 ml (⅔ t.) d'eau tiède

15 ml (1 c. à s.) de levure à pain

une pincée de sel de mer

440 ml (1 ¾ t.) de farine de blé dur

30ml (2 c. à s.) d'huile de soja

2 À 4 PORTIONS (MÉDIUM)
PRÉPARATION : 60 MIN

- Délayer le miel dans l'eau tiède puis ajouter la levure.
- Bien mélanger et laisser gonfler 20 minutes.
- Mélanger dans un autre bol en bois ou en verre la farine, l'huile et le sel de mer.
- Creuser le centre et y verser le mélange de la levure.
- Former une boule et pétrir la pâte 5 minutes.
- Laisser lever 30 minutes et rouler.

Suite page suivante

Pizza jardinière (suite)

Garniture

1 gros oignon

1 piment vert

500 ml (2 t.) de champignons

quelques morceaux de brocoli

quelques morceaux de chou-fleur

1 zucchini

sauce tomate ou sauce à spaghetti

origan et basilic

fromage mozzarella râpé

PRÉPARATION : 20 MIN
CUISSON : 15 MIN

- Trancher très minces tous les légumes.
- Étendre la sauce tomate sur la pâte.
- Déposer généreusement les légumes en alternant et saupoudrer d'origan et de basilic.
- Recouvrir de fromage râpé et garnir avec des granules de soja fumées si désiré.
- Dorer au four à 200 °C (400 °F) environ 15 minutes.

En variant les garnitures, je m'offre la nature

Fèves de lima

Douces et digestibles

250 ml (1t.) d fèves de lima
750 ml (3 t.) d'eau
15 ml (1 c. à s.) de concentré de légumes
85 ml (⅓ t.) de légumes séchés
2 feuilles de laurier
1 morceau d'algue Kombu
15 ml (1 c. à s.) d'huile de carthame ou autre
1 ml (¼ c. à thé) de poudre de cari
sel de mer et poivre de cayenne
sarriette et basilic

4 PORTIONS
PRÉPARATION : 15 MIN
CUISSON : 1 HEURE 1/2

☞ Cuire les fèves de lima pré-trempées dans l'eau (voir tableau) avec le bouillon, les légumes séchés, le laurier et le Kombu.

☞ Après la cuisson, ajouter l'huile et les assaisonnements.

Dans les différentes grosseurs de fèves de lima disponibles, les plus petites sont mes préférées.

Je sers avec une délicieuse salade et les carottes à l'ail.

Croquettes de lentilles

Un goût génialement différent

375 ml (1 ½ t.) de lentilles (vertes ou brunes)
750 ml (3 t.) d'eau
1 carotte
1 oignon
½ branche de céleri
persil au goût
250 ml (1 t.) de chapelure de pain
2 oeufs
sel de mer aromatique et poivre de cayenne
fines herbes

20 CROQUETTES
PRÉPARATION : 15 MIN
CUISSON : 45 MIN

- Cuire les lentilles dans l'eau couvert environ 30 minutes puis réduire en purée.
- Hacher finement tous les légumes, mélanger avec la purée de lentilles et les autres ingrédients.
- Former des croquettes, enrober de chapelure si désiré et cuire dans un poêlon légèrement huilé.
- Bien dorer de chaque côté ou faire griller au four.

Délicieuses dans les hamburgers avec des tomates, de la luzerne et des oignons. Ou tout simplement servies avec des légumes cuits à la vapeur accompagnés d'une sauce béchamel.

Végé-burger

Un excellent hamburger sans gras saturé

Partie 1

375 ml (1 ½ t.) de lentilles (vertes ou brunes)
190 ml (¾ t.) de riz
10 ml (2 c. à thé) de concentré de légumes
1 feuille de laurier
algue Kombu (petit morceau)
85 ml (⅓ t.) de légumes séchés
2 l (8 t.) d'eau

20 CROQUETTES
PRÉPARATION : 15 ML
CUISSON : 30 MIN

↣ Cuire ensemble dans l'eau les lentilles, le riz et les autres ingrédients.

Suite page suivante

Végé-burger (suite)

Partie 2

190 ml (¾ t.) de carottes
1 oignon émincé
65 ml (¼ t.) de farine de blé mou
125 ml (½ t.) de chapelure de pain
175 ml (⅔ t.) de sauce tomate
2 gousses d'ail pressées
30 ml (2 c. à s.) de sauce tamari
sel de mer aromatique, poivre de cayenne et basilic au goût

PRÉPARATION : 10 MIN
CUISSON : 20 MIN

- Râper les carottes et hacher l'oignon.
- Dans un grand bol, mélanger tous les ingrédients.
- Ajouter la première préparation puis former des croquettes et recouvrir de chapelure.
- Cuire à la poêle dans un peu d'huile 5 minutes de chaque côté ou au four sur une plaque huilée.

N.B. : Si le mélange est trop collant pour former des croquettes, j'ajoute un peu de farine ou de chapelure.

- Garnir les hamburgers avec de la laitue, de la luzerne, des tomates, de l'oignon et du fromage si désiré.

Alternative astucieuse pour le hamburger

Casserole de lentilles
En plat principal ou en sauce à spaghetti

65 ml (¼ t.) de blé boulghour
250 ml (1 t.) de lentilles (vertes ou brunes)
125ml (½ t.) de légumes séchés
750 ml (3 t.) d'eau
2 feuilles de laurier
15 ml (1 c. à s.) de concentré de légumes
algue Kombu (un petit morceau)
1 oignon
½ navet
2 carottes
1 branche de céleri
1 pomme de terre
30 ml (2 c. à s.) d'huile de carthame
796 ml (28 onces) de tomates en conserve
30 ml (2 c. à s.) de sauce tamari ou plus
poivre de cayenne au goût

6 PORTIONS
PRÉPARATION : 15 MIN
CUISSON : 25 MIN

- Laver et amener à ébullition les lentilles avec le blé boulghour, les légumes séchés, les feuilles de laurier, le bouillon de légumes et l'algue Kombu dans l'eau.
- Laisser mijoter environ 15 minutes couvert.
- Couper les légumes et les faire revenir dans un peu d'huile et y ajouter le mélange de lentilles déjà cuites.
- Incorporer le reste des ingrédients et laisser mijoter 10 minutes (les légumes doivent rester un peu croquants).

N.B. : Si c'est trop épais, ajouter du jus de légumes ou de l'eau.

Pour compléter ce plat de protéines, je le mange avec du pain de blé entier, du millet ou des noix. Cette recette peut également servir de sauce à spaghetti, seulement la rendre plus claire en ajoutant du jus de légumes ou de l'eau.

Pâté chinois aux lentilles

Sans cholestérol

Partie 1

250 ml (1 t.) de lentilles (vertes ou brunes)	
125 ml (½ t.) de blé boulghour	
15 ml ((1 c. à s.) de concentré de légumes	
1 feuille de laurier	
algue Kombu (petit morceau)	
875 ml (3 ½ t.) d'eau	

6 PORTIONS
PRÉPARATION : 5 MIN
CUISSON : 30 MIN

- Trier puis laver les lentilles.
- Ajouter les autres ingrédients et cuire ensemble dans l'eau.

Partie 2

8 pommes de terre	
1.5 l (6 t.) d'eau	
250 ml (1 t.)de boisson de soja	
15 ml (1 c. à s.) de beurre ou de margarine	
2 échalotes	

PRÉPARATION : 10 MIN
CUISSON : 20 MIN

- Peler et couper les pommes de terre.
- Dans un chaudron, amener l'eau à ébullition et laisser mijoter 20 minutes.
- Égoutter et réduire en purée en ajoutant le gras, le lait et les échalotes hachées.

Suite page suivante

Pâté chinois aux lentilles (suite)

Partie 3

30 ml (2 c. à s.) d'huile de soja ou autre
1 branche de céleri
1 gousse d'ail
1 oignon
sel de mer aromatique et poivre de cayenne au goût
1 l (4 t.) de maïs en grains

PRÉPARATION : 5 MIN
CUISSON : 20 MIN

- Faire revenir dans l'huile les légumes hachés finement et verser le mélange de lentilles et de blé boulghour de même que les assaisonnements.
- Déposer ce mélange dans un plat de 9" X 12". Ajouter le maïs puis les pommes de terre.
- Disperser des noisettes de beurre sur le dessus.
- Cuire au four à 180 °C (350 °F) environ 20 minutes.

Un repas consistant et équilibré, idéal pour un dîner familial.

Heureuse solution au cholestérol

Végé-pâté

Un excellent substitut à la viande

250 ml (1 t.) de graines de tournesol
65 ml (¼ t.) de graines de sésame
125 ml (½ t.) de levure alimentaire
190 ml (¾ t.) de farine de maïs ou de blé mou
3 oignons
3 grosses pommes de terre
2 carottes
125 ml (½ t.) d'huile de tournesol
250 ml (1 t.) d'eau
65 ml (¼ t.) de sauce tamari
2 gousses d'ail pressées
une pincée de thym et de basilic
5 ml (1 c. à thé) d'oignons émincés séchés
65 ml (¼ t.) de semoule de maïs
poivre de cayenne au goût

8 PORTIONS
PRÉPARATION : 15 MIN
CUISSON : 40 MIN

- Moudre les graines ensemble.
- Hacher les oignons et râper les autres légumes.
- Mélanger tous les ingrédients dans un grand bol.
- Verser dans un moule de 8" X 10".
- Cuire au four à 180 °C (350 °F) pendant 40 minutes.

Les pommes de terre sucrées sont excellentes dans ce végé-pâté.

Cette tartinade est délicieuse sur pain pita ou biscotte, le tout accompagné d'une généreuse portion de salade avant le repas.

Cretons

Un grand succès auprès de toute ma famille

500 ml (2 t.) de graines de tournesol
65 ml (¼ t.) de graines de sésame
250 ml (1 t.) de farine de blé mou
2 gros oignons
3 gousses d,ail
2 grosses pommes de terre
125 ml (½ t.) d'huile de tournesol
250 ml (1 t.) d'eau chaude
15 ml (1 c. à s.) de sauce tamari
10 ml (2 c. à thé) de jus de citron
10 ml (2 c. à thé) d'épices mélangées
5 ml (1 c. à thé) d'oignons séchés
sel de mer aromatique et poivre de cayenne au goût

6 À 8 PORTIONS
PRÉPARATION : 15 MIN
CUISSON : 35 À 40 MIN

- Moudre les graines de tournesol et de sésame.
- Hacher finement tous les légumes.
- Dans un grand bol, déposer tous les ingrédients et bien mélanger.
- Verser ce mélange dans un plat huilé de 8" X 10".
- Cuire au four à 180 °C (350 °F) de 35 à 40 minutes jusqu'à ce que le dessus soit légèrement rôti.

- Servir avec une bonne salade fraîche d'automne ou verte, de la luzerne germée et des biscottes ou du pain.

Un plat de résistance très complet et fortement apprécié.

Humus

Découvrez le goût de la nature, apprivoisez l'humus

240 ml (1 t.) de pois chiches
30 ml (2 c. à s.) de tahini (beurre de sésame)
5 ml (1 c. à thé) de prunes salées (Umeboschi) (facultatif)
5 ml (1 c. à thé) de sauce tamari
2 gousses d'ail pressées

3 À 4 PORTIONS
PRÉPARATION : 15 MIN
CUISSON : 1 HEURE 1/2

- Cuire les pois chiches pré-trempés (voir tableau).
- Mettre les pois chiches cuits au mélangeur avec un peu d'eau de cuisson afin d'obtenir une texture crémeuse.
- Retirer du mélangeur et ajouter les autres ingrédients.
- Si vous n'utilisez pas de prunes salées dans la recette, ajouter un peu plus de sauce tamari.

Cette tartinade peut également servir de trempette pour des légumes et des croûtons, ou de farce pour pains pita. Avec une bonne salade servie en entrée, j'obtiens un succulent repas complet.

Pain aux pacanes

Un pâté pour les fins gourmets

500 ml (2 t.) de pacanes
2 grosses tomates rouges
1 gros oignon
250 ml (1 t.) de chapelure de pain (blé entier)
65 ml (¼ t.) de graines de lin moulues
30 ml (2 c. à s.) d'huile de soja ou autre
85 ml (⅓ t.) de boisson de soja
5 ml (1 c. à thé) de sauce tamari
3 ml (½ c. à thé) d'origan
3 ml (½ c. à thé) de basilic
5 ml (1 c. à thé) de sel de mer aromatique
poivre de cayenne au goût

6 PORTIONS
PRÉPARATION : 10 MIN
CUISSON : 35 MIN

- Broyer les pacanes.
- Hacher finement l'oignon.
- Couper les tomates en cubes.
- Mélanger tous les ingrédients.
- Verser ce mélange dans un moule à pain huilé.
- Cuire au four à 180 °C (350 °F) environ 35 minutes.

Ce plat de résistance est délicieux avec des choux de Bruxelles, des haricots et des betteraves. Très complet, il contient des protéines de qualité en grande quantité.

Tartinade de soja

Excellente idée pour la boîte à lunch

125 ml (½ t.) de fèves de soja
250 ml (1 t.) de tomates ou plus
45 ml (3 c. à s.) de beurre d'arachides
30 ml (2 c. à s.) d'huile de soja
45 ml (3 c. à s.) de sauce tamari
125 ml (½ t.) de chapelure de pain de blé entier
1 oignon
1 carotte
1 zucchini

2 À 3 PORTIONS
PRÉPARATION : 10 MIN
CUISSON : 40 MIN

- Laver et faire tremper les fèves de soja 15 heures.
- Jeter l'eau de trempage et passer au mélangeur avec les tomates.
- Hacher les légumes.
- Mélanger tous les ingrédients.
- Verser dans un moule à pain et cuire à 180 °C (350 °F) durant 40 minutes.

Cette tartinade est une excellente source de protéines.

Je sers avec une salade, de la luzerne et du pain, ou tout simplement en plat principal avec des légumes verts.

Tartinade de tofu

Remplace les œufs, et sans cholestérol !

1 bloc de tofu
5 ml (1 c. à thé) de curcuma
2 échalotes
1 branche de céleri
1 piment vert
45 ml (3 c. à s.) de mayonnaise naturelle)
5 ml (1 c. à thé) de sel de mer aromatique
poivre de cayenne au goût

4 PORTIONS
PRÉPARATION : 10 MIN

- Écraser le tofu à la fourchette ou passer au robot culinaire.
- Hacher finement les légumes et mélanger avec le tofu et les autres ingrédients.

Délicieux en sandwich, sur des craquelins ou du pain pita.
À servir avec une abondante salade verte.

Cette tartinade fait la joie de tous.
Essayez-la, vous l'adopterez à coup sûr !

Trempette de tofu et de fenouil

Un p'tit goût citronné

250 ml (1 t.) de tofu mou
30 ml (2 c. à s.) d'huile de carthame
1 citron pressé
2 ml (½ c. à thé) de sel de mer
1 ml (¼ c. à thé) de sucre brut
15 ml (1 c. à s.) d'oignons émincés séchés
poivre de cayenne
65 ml (¼ t.) d'eau
30 ml (2 c. à s.) de mayonnaise naturelle
65 ml (¼ t.) de fenouil frais

2 PORTIONS
PRÉPARATION : 5 MIN

- Hacher le fenouil et mettre de côté.
- Émietter le tofu. Passer au mélangeur avec les autres ingrédients pour obtenir une texture crémeuse.
- Si le mélange est trop épais, ajouter un peu d'eau ou de mayonnaise.
- Ajouter le fenouil en dernier et mélanger 3 secondes de plus.

- Réfrigérer 2 à 3 heures avant de servir.

Délicieux avec des légumes crus.

VOIR PHOTO PAGE 97

Grillade de tofu au gingembre

Un goût piquant qui réchauffe

15 ml (1 c. à s.) d'huile de soja
½ bloc de tofu
5 ml (1 c. à thé) d'oignons émincés séchés
30 ml (2 c. à s.) de sauce tamari
10 ml (2 c. à thé) de gingembre frais râpé

2 PORTIONS
PRÉPARATION : 5 MIN
CUISSON : 5 MIN

- ❖ Couper le tofu en tranches minces.
- ❖ Dans un poêlon, verser un peu d'huile et dorer les tranches de tofu de chaque côté avec les oignons.
- ❖ En dernier, ajouter la sauce tamari et le gingembre râpé.

Délicieux avec des légumes verts, en sandwich recouvert d'une sauce brune ou encore en salade.

Tofu au gratin

Ce plat de tofu est tout simplement un régal

500 ml (2 t.) de tofu
1 gros oignon
1 piment vert ou rouge
1 branche de céleri
500 ml (2 t.) de carottes
250 ml (1 t.) de zucchini
45 ml (3 c. à s.) d'huile de carthame
125 ml (½ t.) de persil
65 ml (¼ t.) de sauce tamari
poivre de cayenne au goût
125 ml (½ t.) de fromage mozarella râpé

4 PORTIONS
PRÉPARATION : 15 MIN
CUISSON : 35 MIN

- Hacher le tofu puis couper finement tous les légumes.
- Faire sauter le tofu et les légumes dans un peu d'huile.
- Ajouter les autres ingrédients (sauf le fromage).
- Verser la préparation dans un plat huilé (moule à pain) et saupoudrer de fromage.
- Cuire au four à 180 °C (350 °F) 25 minutes.

Accompagné de choux de Bruxelles et de chou-fleur, ce plat se déguste admirablement avec une salade verte.

Tofu braisé

Ma recette passe-partout avec les sauces ou les pâtes

1 bloc de tofu
1 oignon
1 branche de céleri
1 piment vert ou rouge
1 carotte râpée
45 ml (3 c. à s.) de sauce tamari
30 ml (2 c. à s.) d'huile de soja
poivre de cayenne au goût

4 PORTIONS
PRÉPARATION : 10 MIN
CUISSON : 10 MIN

- Émietter le tofu et faire dorer dans un poêlon légèrement huilé.
- Hacher finement les légumes et les ajouter au tofu en remuant.
- En dernier lieu, ajouter la sauce tamari et le poivre de cayenne.

Ce plat est délicieux en sandwich avec de la luzerne germée et de la laitue, dans une salade, dans le riz, avec des pâtes alimentaires ou tout simplement servi avec des légumes verts.

Pâté chinois au tofu

Tout un régal familial !

tofu braisé (recette à la page précédente)
1 l (4 t.) de maïs frais (cuit et égrené) ou congelé
6 pommes de terre
2 échalotes hachées
250 ml (1 t.) de boisson de soja ou autre
15 ml (1 c. à s.) de beurre ou de margarine

4 À 6 PORTIONS
PRÉPARATION : 15 MIN
CUISSON : 40 MIN

- Dans un moule de 9" X 11" verser la préparation de tofu braisé puis étendre le maïs par-dessus.
- Après avoir cuit les pommes de terre dans de l'eau, les réduire en purée en y ajoutant le beurre ou la margarine, les échalotes et la boisson de soja ou autre. Bien mélanger à l'aide d'un batteur électrique.
- Verser la purée de pommes de terre par dessus le maïs.
- Faire dorer au four à 180 °C (350 °F) 15 minutes.

Rapide et délicieux. Servir avec des haricots ou autres légumes verts.

Ce pâté chinois fait fureur à la maison et lorsque je reçois des invités. En plus d'être savoureux, ce plat est très nourrissant et complet.

Pâté aux légumes et au tofu

J'en raffole, un goût exquis !

15 ml (1 c. à s.) d'huile de soja

1 bloc de tofu

30 ml (2 c. à s.) de sauce tamari

1 poireau ou oignon

1 branche de céleri

1 piment vert ou rouge

3 carottes

2 pommes de terre

1 petit navet

250 ml (1 t.) de pois verts congelés

500 ml (2 t.) de maïs frais ou congelé

30 ml (2 c. à s.) de sauce tamari

500 ml (2 t.) d'eau

15 ml (1 c. à s.) de concentré de légumes

15 ml (1 c. à s.) de tapioca moulu ou de farine de marante

poivre de cayenne au goût

fromage râpé mozarella

1 abaisse pour un plat de pyrex 9" X 12"

(Voir recette de pâte à tarte)

6 PORTIONS
PRÉPARATION : 15 MIN
CUISSON : 35 MIN

- Couper le tofu en cubes et le faire rôtir dans l'huile 5 minutes. Lorsque le tofu est rôti, ajouter 15 ml (1 c. à s.) de sauce tamari.
- Mettre de côté.

Suite page suivante

Pâté aux légumes et au tofu (suite)

- Couper les légumes en cubes et sauter dans un poêlon. Ajouter l'eau, le concentré de légumes et laisser mijoter 15 minutes.
- Ajouter le tapioca moulu ou la farine de marante, la sauce tamari et le poivre de cayenne.
- Déposer dans l'abaisse les cubes de tofu et la préparation de légumes puis garnir le dessus de fromage râpé.
- Mettre au four à 180 °C (350 °F) environ 15 minutes.
- Servir une salade et du brocoli pour accompagner ce plat.

Ce pâté peut être délicieux même sans abaisse, seulement avec les légumes.

Dé-li-cieux !

VOIR PHOTO PAGE 98

Seitan aux légumes

Du bœuf végétal ? Wow !

30 ml (2 c. à s.) d'huile de tournesol
1 piment vert
1 piment rouge
250 ml (1 t.) de pois mange-tout
250 ml (1 t.) de champignons
1 branche de céleri
1 tige de brocoli
1 oignon
2 carottes
400 g de seitan
30 ml (2 c. à s.) de sauce tamari
1 ml (¼ c. à thé) de basilic
poivre de cayenne

4 PORTIONS
PRÉPARATION : 20 MIN
CUISSON : 10 MIN

- Dans un poêlon, verser 2 cuillères à soupe d'huile puis ajouter les légumes coupés grossièrement.
- Mijoter pour attendrir.
- Couper le seitan en cubes et l'ajouter aux légumes ainsi que le reste des ingrédients.
- Continuer la cuisson quelques minutes.
- Servir sur un lit d'épinards, de haricots verts ou sur des fèves germées déjà cuites.

Ragoût de seitan du temps des fêtes

Enfin un repas succulent et digestible pour les Fêtes !

250 ml (1 t.) de farine

625 ml (2 ½ t.) de carottes

625 ml (2 ½ t.) de navets

2 branches de céleri

3 oignons

6 pommes de terre moyennes

2 l (8 t.) d'eau

15 ml (1 c. à s.) de concentré de légumes

2 feuilles de laurier

500 ml (2 t.) de pois verts congelés

75 ml (5 c. à s.) de tapioca moulu

65 ml (¼ t.) de sauce tamari

15 ml (1 c. à s.) de miso

5 ml (1 c. à thé) de cannelle

5 ml (1 c. à thé) de clou de girofle

375 ml (1 ½ t.) d'eau

sel de mer et poivre de cayenne

750 ml (3 t.) de seitan coupé en cubes

45 ml (3 c. à s.) d'huile de soja ou autre

8 PORTIONS
PRÉPARATION : 15 MIN
CUISSON : 35 MIN

- Griller la farine dans un poêlon et laisser refroidir.
- Couper grossièrement tous les légumes
- Dans une grande casserole, déposer les légumes et y ajouter l'eau, les feuilles de laurier, le concentré de légumes et les pois verts, puis cuire 25 à 30 minutes, couvert.

Suite page suivante

Ragoût de seitan du temps des fêtes (suite)

- Pendant ce temps, mélanger la farine grillée, le tapioca moulu et les assaisonnements ; délayer le tout dans 375 ml (1 ½ t.) d'eau (si trop épais, ajouter un peu plus d'eau).
- Verser ce mélange dans la casserole contenant les légumes, ajouter le seitan et laisser mijoter 5 minutes à découvert, puis ajouter l'huile.

Un vrai bon ragoût, sans cholestérol.

Se congèle très bien.

Laissez-vous séduire en tout temps

VOIR PHOTO PAGE 98

Mes repas du soir

Je préfère terminer ma journée par un repas
de féculents facile à digérer tout en étant très nourrissant

Les pâtes et céréales naturelles se complètent très bien
en ajoutant un peu de graines de tournesol ou de citrouille grillées

Croquettes de panais et de carottes

Une gâterie douce qui rassasie pleinement

227 g (½ livre) de panais tranché
227 g (½ livre) de carottes tranchées
2 pommes de terre moyennes
85 ml (⅓ t.) de légumes séchés
15 ml (1 c. à s.) de beurre ou d'huile de tournesol
3 échalotes hachées
30 ml (2 c. à s.) de farine de blé mou
85 ml (⅓ t.) de poudre de lait
sel de mer aromatique et poivre de cayenne au goût
chapelure de pain de blé entier

12 CROQUETTES
PRÉPARATION : 15 MIN
CUISSON : 30 MIN

- Cuire le panais, les carottes et les pommes de terre avec les légumes séchés dans un peu d'eau, environ 20 minutes.
- Retirer l'eau et réduire en purée.
- Ajouter le reste des ingrédients sauf la chapelure de pain et bien mélanger.
- Former des croquettes et les enrober de chapelure de pain.
- Cuire dans un poêlon légèrement huilé : rôtir 5 minutes de chaque côté ou cuire au four à 200 °C (400 °F) 10 minutes.

J'accompagne de sauce brune aux noix, de betteraves, de choux de Bruxelles et/ou de brocoli.

J'équilibre avec une bonne salade avant le repas.

Une douceur du soir

VOIR PHOTO PAGE 97

Sauce brune aux noix

Pour rehausser mes petits plats

500 ml (2 t.) d'eau
85 ml (⅓ t.) de pacanes ou noix d'acajou moulues
30 ml (2 c. à s.) de tapioca moulu
15 ml (1 c. à s.) de miso ou plus
15 ml (1 c. à s.) d'oignons émincés séchés
15 ml (1 c. à s.) de sauce tamari ou plus
15 ml (1 c. à s.) d'huile de tournesol
fines herbes mélangées
poivre de cayenne au goût

4 À 6 PORTIONS
PRÉPARATION : 5 MIN
CUISSON : 5 MIN

ᴥ Verser tous les ingrédients dans une casserole et cuire à feu doux 5 minutes.

Cette sauce accompagne très bien mes recettes de croquettes et de tourtières. Je l'ajoute aussi tout simplement sur des légumes cuits à la vapeur, crus ou râpés.

N.B. : Pour alléger, je remplace les noix par des graines de tournesol. Pour varier le goût, je remplace le miso par du concentré de légumes.

C'est ma sauce passe-partout.

Tartinade d'avocat

Doux et crémeux, j'en raffole !

2 échalotes

6 olives noires

12 (environ) champignons frais

1 avocat mûr

15 ml (1 c. à s.) de mayonnaise naturelle

½ branche de céleri

sel de mer aromatique et poivre de cayenne au goût

HUM !
PRÉPARATION : 10 MIN

- Hacher finement tous les légumes.
- Couper l'avocat en deux et enlever le noyau pour ensuite le vider à l'aide d'une cuillère.
- Écraser la chair de l'avocat à l'aide d'une fourchette et y ajouter tous les autres ingrédients.
- Servir immédiatement.

Pour un repas léger et vite préparé.

Je sers avec une salade, des biscottes, du pain pita ou des galettes Azim avec de la luzerne.

Pommes de terre en purée

Mon mélange passe-partout

4 grosses pommes de terre
190 ml (¾ t.) de boisson de soja
15 ml (1 c. à s.) de beurre
2 échalotes ou ciboulettes hachées finement
sel de mer aromatique et poivre de cayenne

4 PORTIONS
PRÉPARATION : 10 MIN
CUISSON : 20 MIN

- Peler et cuire les pommes de terre dans un peu d'eau environ 20 minutes.
- Une fois bien cuites, les enlever et conserver l'eau de cuisson. Réduire en purée à l'aide d'un batteur électrique avec tous les ingrédients jusqu'à l'obtention d'une consistance crémeuse.
- Pour rendre encore plus crémeux le mélange, ajouter un peu d'eau de cuisson.

Variante : J'ajoute des grains de maïs en dernier, des pois verts congelés et du persil.

Ce mélange de pommes de terre peut être servi avec des légumes verts légèrement cuits. Je l'utilise souvent comme accompagnement.

Ratatouille

Quand j'ai le goût de ne manger que des légumes !

2 zucchinis
1 aubergine
1 oignon
1 poireau
1 petit navet
2 gousses d'ail
250 ml. (1 t.) de pois verts congelés
30 ml (2 c. à s.) d'huile d'olive
796 ml (28 onces) de tomates en conserve
30 ml (2 c. à s.) de pâte de tomates
1 feuille de laurier
5 ml (1 c. à thé) de concentré de légumes
30 ml (2 c. à s.) de sauce tamari
origan et poivre de cayenne

4 PORTIONS
PRÉPARATION : 20 MIN
CUISSON : 15 MIN

- Couper les légumes et les faire revenir avec l'huile dans un poêlon.
- Ajouter les tomates et la feuille de laurier puis laisser mijoter lentement 15 minutes.
- En dernier, ajouter la sauce tamari, le poivre de cayenne et l'origan.

La ratatouille est un plat de courgettes excellent pour ma santé : reminéralisant et si léger.

Lorsque j'ai une grande faim, ce plat se gratine et se sert accompagné de nouilles.

Fricassée de légumes

Fraîcheur du jardin

2 grosses pommes de terre
1 poireau
3 carottes
1 petit navet
1 branche de céleri
500 ml (2 t.) d'haricots verts ou jaunes
500 ml (2 t.) de maïs congelé
250 ml (1 t.) de pois verts congelés
750 ml (3 t.) d'eau
5 ml (1 c. à thé) de concentré de légumes
15 ml (1 c. à s.) de tapioca
60 ml (4 c. à s.) d'eau
15 ml (1 c. à s.) de miso
15 ml (1 c. à s.) de sauce tamari au goût
30 ml (2 c. à s.) d'huile de soja
poivre de cayenne au goût

3 À 4 PORTIONS
PRÉPARATION : 25 MIN
CUISSON : 20 MIN

- Couper les légumes et les déposer dans une grande marmite avec l'eau et le concentré de légumes, cuire environ 20 minutes, couvert.
- Délayer le tapioca dans l'eau et ajouter aux légumes avec le reste des ingrédients.

Variante : Au besoin, ce plat peut être gratiné ou encore accompagné de tofu braisé ou de seitan.

Délicieux pot-au-feu

C'est toujours une grande joie de déguster des légumes

4 pommes de terre moyennes
1 petit navet
3 carottes
1 petit chou vert
1 poireau ou oignon
500 ml (2 t.) d'haricots verts ou jaunes
1 l (4 t.) d'eau ou plus
15 ml (1 c. à s.) de concentré de légumes
30 ml (2 c. à s.) d'huile de carthame ou autre
45 ml (3 c. à s.) de sauce tamari
15 ml (1 c. à s.) de miso
2 feuilles de laurier
basilic et poivre de cayenne au goût

4 PORTIONS
PRÉPARATION : 15 MIN
CUISSON : 20 MIN

- ☙ Couper grossièrement les légumes.
- ☙ Déposer dans une grande marmite les légumes, l'eau, les feuilles de laurier et le concentré de légumes ; porter à ébullition et laisser mijoter à feu doux 20 minutes.
- ☙ En dernier lieu, ajouter l'huile, la sauce tamari, le miso, le basilic et le poivre de cayenne.

J'apprécie davantage ce mets savoureux à l'automne avec des légumes fraîchement cueillis.

Polenta

Des petites bouchées au goût différent

250 ml (1 t.) de semoule de maïs

750 ml (3 t.) d'eau

15 ml (1 c. à s.) d'huile d'olive

65 ml (¼ t.) de légumes séchés

30 ml (2 c. à s.) de sauce tamari

2 échalotes hachées finement

poivre de cayenne

chapelure de pain de blé entier

1 oeuf battu

3 À 4 PORTIONS
PRÉPARATION : 5 MIN
CUISSON : 10 MIN

- Verser en plue la semoule de maïs dans l'eau en ébullition et brasser à la cuillère de bois.
- Ajouter le reste des ingrédients sauf la chapelure de pain et l'œuf puis laisser mijoter à feu doux en brassant continuellement pendant 10 minutes.
- Verser cette préparation dans un moule de 8" X 8" et laisser refroidir 2 heures.
- Découper en petits cubes et les enduire de l'œuf battu et de la chapelure de pain.
- Dorer chaque cube dans un poêlon légèrement huilé.

Délicieux et nourrissant. Je sers avec une salade verte et des légumes cuits à la vapeur.

Une agréable variation à mon menu santé.

Taboulé aux légumes

Une autre agréable variation du blé

500 ml (2 t.) d'eau
500 ml (2 t.) de blé boulghour
250 ml (1 t.) de lentilles ou de pois chiches cuits (facultatif)
500 ml (2 t.) de pois mange-tout
1 piment rouge
1 branche de céleri
1 zucchini
3 échalotes
2 tomates fraîches
30 ml (2 c. à s.) d'huile d'olive
30 ml (2 c. à s.) de sauce tamari
une pincée d'origan/persil au goût
poivre de cayenne

4 PORTIONS
PRÉPARATION : 15 MIN
CUISSON : 20 MIN

- Porter l'eau à ébullition et ajouter le blé boulghour.
- Éteindre le feu et laisser gonfler environ 15 minutes en brassant de temps en temps.
- Couper tous les légumes en petits morceaux et faire revenir avec l'huile dans un grand poêlon.
- Ajouter le reste des ingrédients avec le blé boulghour gonflé, réchauffer et servir.

N.B. : J'utilise le couscous en remplacement du blé boulghour. En ajoutant les pois chiches cuits ou les lentilles, ma protéine est alors complète.

Je sers avec une délicieuse salade et des betteraves cuites à la vapeur.

Pizza de riz

Légère, simple et colorée

375 ml (1 ½ t.) de riz brun
750 ml (3 t.) d'eau
30 ml (2 c. à s.) d'huile d'olive
1 piment
1 oignon
250 ml (1 t.) de champignons
250 ml (1 t.) de brocoli
250 ml (1 t.) de chou-fleur
2 tomates rouges
1 zucchini
2 gousses d'ail émincées
sel de mer aromatique et poivre de cayenne
origan et basilic au goût
fromage râpé au goût

3 PORTIONS
PRÉPARATION : 20 MIN
CUISSON : 40 MIN

- Cuire le riz dans l'eau environ 20 minutes à feu lent, couvert à demi.
- Couper les légumes en tranches minces.
- Presser le riz dans une assiette à pizza huilée.
- Étendre les tranches de tomates, l'ail, le poivre de cayenne, l'origan, le basilic et le sel de mer aromatique.
- Dans un poêlon, ajouter l'huile et faire revenir les autres légumes 5 minutes puis les étendre sur les tomates ; recouvrir de formage râpé.
- Cuire au four à 180 °C (350 °F) environ 15 minutes.

Variante : Je remplace le riz par du millet cuit et le fromage râpé par du tofu braisé.

Je sers avec une délicieuse salade verte. C'est un repas très nourrissant.

Spaghetti de sarrasin

Le bon goût du sarrasin, à essayer et à découvrir

250 g (½ livre) de spaghetti de sarrasin
2 branches de céleri
1 piment rouge
500 ml (2 t.) de champignons
2 oignons
1 carotte râpée
2 zuchhinis
4 tomates fraîches ou 796 ml (28 onces) de tomates en conserve (1 boîte)
30 ml (2 c. à s.) de sauce tamari
2 gousses d,ail
origan et basilic
sel de mer aromatique et poivre de cayenne au goût
30 ml (2 c. à s.) d'huile d'olive ou autre

4 PORTIONS
PRÉPARATION : 15 MIN
CUISSON : 25 MIN

- Cuire le spaghetti dans l'eau ; égoutter et mettre de côté.
- Couper tous les légumes en petits morceaux et les faire revenir dans la poêle avec l'huile sauf les tomates.
- Ajouter les tomates et les autres ingrédients puis laisser mijoter lentement 10 minutes.
- Déposer sur le spaghetti et servir.

Je déguste juste avant, une généreuse portion de salade.

Le sarrasin, riche en minéraux, est une de nos céréales les plus nutritives.

Macaroni chinois

Pour rehausser mes petits plats

500 ml (2 t.) de macaroni
1 piment vert
1 branche de céleri
500 ml (2 t.) de champignons
1 gros oignon
500 ml (2 t.) de seitan haché
30 ml (2 c. à s.) de sauce tamari
30 ml (2 c. à s.) d'huile d'olive ou autre
poivre de cayenne

4 PORTIONS
PRÉPARATION : 10 MIN
CUISSON : 15 MIN

- Cuire le macaroni dans l'eau environ 10 minutes ; rincer à l'eau froide et égoutter.
- Hacher finement tous les légumes.
- Dans un grand poêlon, ajouter l'huile pour faire revenir les légumes et le seitan 5 minutes.
- Ajouter le macaroni cuit, la sauce tamari et le poivre de cayenne.

- Servir avec des choux de Bruxelles et des carottes.

Cette recette est divine.

Comme Variante, j'ajoute du tofu et du gingembre frais râpé pour remplacer le seitan. Il faudra cependant ajouter un peu plus de sauce tamari.

Spirales ou coquilles jardinières

Une recette appétissante, un délice à chaque fois !

500 ml (2 t.) de spirales ou de coquilles aux légumes

1 piment vert ou rouge

½ oignon espagnol

1 branche de céleri

1 zucchini

1 gousse d'ail

1 carotte

250 ml (1 t.) de pois mange-tout

2 tomates fraîches (facultatif)

basilic et poivre de cayenne

30 ml (2 c. à s.) de sauce tamari

15 ml (1 c. à s.) d'huile d'olive ou autre

4 PORTIONS
PRÉPARATION : 15 MIN
CUISSON : 15 MIN

- Cuire les spirales ou les coquilles de légumes dans de l'eau environ 10 minutes. Rincer à l'eau froide, égoutter.
- Couper tous les légumes, mettre l'huile dans un grand poêlon puis faire revenir les légumes sauf les tomates 5 minutes.
- Ajouter les spirales ou les coquilles cuites ainsi que les tomates coupées en petits morceaux.
- Réchauffer le tout et ajouter le basilic, le poivre de cayenne et la sauce tamari au goût.

Un délice pour le palais mes petites coquilles servies sur un lit d'épinards légèrement cuits. J'ajoute aussi pour varier des graines de tournesol ou de citrouille grillées au tamari.

Mon pâté santé

Les bienfaits du millet

Partie 1

250 ml (1 t.) de millet
500 ml (2 t.) d'eau
5 ml (1 c. à thé) de concentré de légumes
65 ml (¼ t.) de légumes séchés
1 feuille de laurier
1 grosse ou 2 petites courges Butternut
15 ml (1 c. à s.) de beurre
2 échalotes hachées
sel de mer aromatique et poivre de cayenne

6 PORTIONS
PRÉPARATION : 10 MIN
CUISSON : 15 MIN

- Porter l'eau à ébullition et laver le millet.
- Verser le millet dans l'eau bouillante avec les légumes séchés, le concentré de légumes et la feuille de laurier.
- Cuire à feu doux environ 15 minutes. Mettre de côté.
- Peler et couper en gros morceaux la courge Butternut et cuire à la vapeur.
- Réduire en purée et ajouter le beurre, les échalotes, le sel de mer aromatique et le poivre de cayenne. Mettre de côté.

Suite page suivante

VOIR PHOTO PAGE 100

Mon pâté santé (suite)

Partie 2

30 ml (2 c. à s.) d'huile de carthame ou autre
30 ml (2 c. à s.) de sauce tamari
1 oignon
1 branche de céleri
1 piment rouge
750 ml (3 t.) de maïs frais ou congelé

PRÉPARATION : 5 MIN
CUISSON : 20 MIN

- Hacher les légumes.
- Chauffer l'huile et sauter les légumes 5 minutes.
- Ajouter le millet cuit et la sauce tamari.
- Déposer cette préparation dans un moule de 9" X 11" huilé et recouvrir le tout avec la préparation de courge en purée.
- Mettre au four à 180 °C (350 °F) 15 minutes.

Un repas original et nutritif : un ravissement pour les papilles gustatives.

N.B. : Le maïs peut être disposé en étage comme pour le pâté chinois.

Du millet s'il vous plaît

Tourtière de millet

Ma tourtière sans viande

Partie 1

4 abaisses de tarte (Voir recette de pâte à tarte)

750 ml (3 t.) d'eau

190 ml (¾ t.) de millet

125 ml (½ t.) de blé boulghour

85 ml (⅓ t.) de légumes séchés

2 feuilles de laurier

1 oignon haché

30 ml (2 c. à s.) de sauce tamari

15 ml (1 c. à s.) de concentré de légumes

2 TOURTIÈRES (8 PORTIONS)
PRÉPARATION : 5 MIN
CUISSON : 15 MIN

- Porter l'eau à ébullition.
- Laver le millet et le blé boulghour puis le verser dans l'eau bouillante avec tous les autres ingrédients.
- Cuire à feu moyen environ 15 minutes.
- Rincer un peu à l'eau froide, égoutter et mettre de côté.

Suite page suivante

Tourtière de millet (suite)

Partie 2

2 oignons
500 ml (2 t.) de champignons
2 gousses d'ail
45 ml (3 c. à s.) d'huile de soja
30 ml (2 c. à s.) de sauce tamari
5 ml (1 c. à thé) de cannelle
5 ml (1 c. à thé) de clou de girofle
poivre de cayenne au goût

PRÉPARATION : 5 MIN
CUISSON : 30 MIN

- Hacher finement les légumes.
- Verser l'huile dans un poêlon et faire revenir les légumes 5 minutes.
- Ajouter la préparation de millet, la sauce tamari, la cannelle, le clou de girofle et le poivre de cayenne.
- Si la préparation est trop sèche, ajouter de l'eau et de l'huile, puis vérifier l'assaisonnement.
- Verser dans les abaisses non cuites et recouvrir d'une autre pâte.
- Cuire au four à 180 °C (350 °F) environ 25 minutes.

Elle se déguste avec délice accompagnée d'une sauce brune et de bouquets de brocoli et chou-fleur légèrement cuits.

Léger et nourrissant

Millet délicieux
Une richesse pour la santé

Partie 1

250 ml (1 t.) de millet
500 ml (2 t.) d'eau
65 ml (¼ t.) de légumes séchés
1 feuille de laurier

4 PORTIONS
PRÉPARATION : 5 MIN
CUISSON : 15 MIN

- Laver le millet, mettre dans l'eau bouillante avec les légumes séchés et la feuille de laurier.
- Cuire 15 minutes à feu lent à découvert et rincer à l'eau froide. Mettre de côté.

Partie 2

1 branche de céleri
2 gousses d'ail
1 oignon
500 ml (2 t.) de maïs en grain frais ou congelé
1 piment rouge
1 zucchini
30 ml (2 c. à s.) d'huile de carthame ou autre
persil au goût
30 ml (2 c. à s.) de sauce tamari
poivre de cayenne et basilic

PRÉPARATION : 35 MIN
CUISSON : 35 MIN

- Hacher tous les légumes, mettre dans un poêlon avec l'huile à feu doux 5 minutes.
- Mélanger la préparation de millet, les légumes et ajouter les assaisonnements.
- Servir avec des haricots verts.

Variante : Je peux facilement ajouter soit du seitan, un peu de tofu, des graines de tournesol grillées, une sauce béchamel ou encore une sauce brune aux noix.

D'autres repas légers

Des soupes nourrissantes qui me réchauffent,
surtout en saison plus froide

Soupe aux betteraves

Fraîche et légère, d'un goût différent

1 l (4 t.) d'eau
15 ml (1 c. à s.) de concentré de légumes
1 grosse betterave râpée
1 zucchini râpé
2 gousses d'ail
clou de girofle et basilic
1 citron pressé
sel de mer aromatique et poivre de cayenne
yogourt (facultatif)

4 PORTIONS
PRÉPARATION : 10 MIN
CUISSON : 10 MIN

- Amener l'eau à ébullition et y ajouter tous les ingrédients sauf le yogourt.
- Laisser mijoter sur feu moyen 10 minutes.
- Au moment de servir, ajouter dans chaque bol 2 cuillères à soupe de yogourt nature sur le dessus.
- Décorer le dessus de croûtons.
- Servir avec du pain ou des biscottes.

Crème veloutée aux légumes

Un doux mélange

1 carotte
1 zucchini
1 petit bouquet de chou-fleur ou ½ courge Butternut
1 oignon ou poireau haché
1 pomme de terre en morceaux
250 ml (1 t.) d'eau
500 ml (2 t.) de boisson de soja ou autre lait
15 ml (1 c. à s.) de concentré de légumes
15 ml (1 c. à s.) d'huile de carthame
sel de mer aromatique et poivre de cayenne
persil

3 À 4 PORTIONS
PRÉPARATION : 5 MIN
CUISSON : 5 MIN

- Cuire les légumes dans l'eau 20 minutes, couvert.
- Déposer les légumes cuits avec l'eau de cuisson au mélangeur avec la boisson de soja, l'huile, le sel de mer aromatique et le poivre de cayenne. Si trop épais, ajouter de la boisson de soja au goût.
- Décorer avec du persil.

Crème de céleri

Pour un goût léger et agréable

1 poireau
1 grosse pomme de terre
500 ml (2 t.) de céleri
500 ml (2 t.) d'eau
1 feuille de laurier
65 ml (¼ t.) de légumes séchés
5 ml (1 c. à thé) de concentré de légumes (1 cube)
250 ml (1 t.) de boisson de soja ou autre lait
15 ml (1 c. à s.) d'huile de carthame
poivre de cayenne et sel de mer aromatique au goût

4 PORTIONS
PRÉPARATION : 15 MIN
CUISSON : 15 MIN

- Couper les légumes et cuire dans l'eau avec la feuille de laurier, les légumes séchés et le concentré de légumes 20 minutes.
- Verser le tout au mélangeur et ajouter la boisson de soja et l'huile puis assaisonner au goût.

Je sers avec du maïs soufflé.

Si je désire ajouter une protéine, j'accompagne avec des cubes de fromage, du tofu braisé ou des noix au choix : cela complète très bien mon repas léger.

Crème de brocoli

Un autre bon légume vert excellent pour la santé

250 ml (1 t.) d'eau
1 bouquet de brocoli avec la tige
1 oignon
30 ml (2 c. à s.) de légumes séchés
30 ml(2 c. à s.) d'huile de carthame ou autre
30 ml (2 c. à s.) de fécule de tapioca ou de farine
500 ml (2 t.) de boisson de soja
30 ml (2 c. à s.) de sauce tamari
poivre de cayenne et basilic
sel de mer aromatique (au goût)

4 PORTIONS
PRÉPARATION : 15 MIN
CUISSON : 15 MIN

- Cuire le brocoli, l'oignon et les légumes séchés dans l'eau, couvert 15 minutes.
- Verser le tout au mélangeur et ajouter les autres ingrédients et assaisonner.
- Si le mélange est trop épais, ajouter de l'eau.

Je sers avec de bons croûtons de pain, du fromage ou des graines de tournesol grillées à la sauce tamari.

Crème de poireaux

La riche saveur des poireaux

2 poireaux
2 pommes de terre pelées
2 l (8 t.) d'eau
15 ml (1 c. à s.) de concentré de légumes
250 ml (1 t.) de boisson de soja
sel de mer aromatique et poivre de cayenne
basilic, fines herbes au choix
1 échalote
30 ml (2 c. à s.) de tapioca moulu ou de farine
30 ml (2 c. à s.) d'huile d'olive ou autre

6 À 8 PORTIONS
PRÉPARATION : 15 MIN
CUISSON : 15 MIN

- Couper les légumes.
- Ajouter l'eau et le concentré de légumes et cuire à feu moyen environ 15 minutes.
- Passer au mélangeur avec la boisson de soja et le reste des ingrédients.

Croûtons de pain et noix de pin agrémentent merveilleusement bien cette crème.

Soupe minestrone

Consistante et épicée

750 ml (3 t.) d'eau
250 ml (1 t.) de lentilles
2 oignons
2 carottes
250 ml (1 t.) de haricots verts
1 zucchini
1 pomme de terre
1 branche de céleri
1 gousse d'ail
2 l (8 t.) d'eau
30 ml (2 c. à s.) de concentré de légumes
1 feuille de laurier
2 ml (½ c. à thé) d'origan
796 ml (28 onces) de tomates (grosse boîte)
Algue Kombu (un petit morceau)
15 ml (1 c. à s.) de sauce tamari
15 ml (1c. à s.) de miso
poivre de cayenne
1 échalote
30 ml (2 c. à s.) d'huile de carthame

6 À 8 PORTIONS
PRÉPARATION : 25 MIN
CUISSON : 25 MIN

- Cuire les lentilles dans l'eau environ15 minutes. Mettre de côté.
- Couper finement tous les légumes.
- Amener à ébullition l'eau et le concentré de légumes puis ajouter les légumes, les tomates, l'algue, les lentilles, le laurier et l'origan.

Suite page suivante

Soupe minestrone (suite)

- Cuire environ 10 minutes.
- Ajouter en dernier lieu la sauce tamari, le miso, l'échalote hachée, l'huile et le poivre de cayenne.

N.B. : Les lentilles peuvent être remplacées par des pois chiches ou des fèves rouges.

Pour un repas complet, j'accompagne de fromage, de noix ou encore de pain de blé entier.

Soupe aux pois cassés et aux légumes

Des légumineuses disponibles en toute saison

1 oignon
1 branche de céleri
1 petit navet
2 carottes
65 ml (¼ t.) de légumes séchés
500 ml (2 t.) de pois cassés
3 l (12 t.) d'eau
15 ml (1 c. à s.) de concentré de légumes ou 1 cube
sel de mer aromatique et poivre de cayenne au goût
pincée de sarriette ou de basilic
2 feuilles de laurier
algue Kombu (si désiré)
15 ml (1 c. à s.) de sauce tamari
30 ml (2 c. à s.) d'huile de soja ou autre

8 PORTIONS
PRÉPARATION : 15 MIN
CUISSON : 1 HEURE 1/2

- Hacher finement tous les légumes.
- Mettre tous les ingrédients dans une grande casserole sauf l'huile et la sauce tamari, puis amener à ébullition.
- Laisser mijoter 1 ½ heure à feu moyen recouvert à demi.
- Avant de servir, ajouter l'huile et la sauce tamari.

N.B. : Si vous désirez moins cuire les légumes, les ajouter ½ heure avant la fin de la cuisson.

Succulent avec du bon pain ou du maïs soufflé.

Soupe à l'orge

Un goût qui plaît à tout le monde

Partie 1

125 ml (½ t.) d'orge mondé

625 ml (2 ½) t.) d'eau

65 ml (¼ t.)de légumes séchés

Partie 2

1 branche de céleri

1 poireau ou 2 oignons

250 ml (1 t.) de navets

2 carottes

1 pomme de terre

2 l (8 t.) d'eau

500 ml (2 t.) de jus de légumes ou plus

1 tomate fraîche hachée (enlever la pelure)

15 ml (1 c. à s.) de concentré de légumes

2 feuilles de laurier

algue Kombu (petit morceau)

250 ml (1 t.) de maïs congelé

250 ml (1 t.) de pois verts congelés

30 ml (2 c. à s.) de sauce tamari

15 ml (1 c. à s.)de miso

30 ml (2 c. à s.) d'huile de carthame ou autre

1 ml (¼ c. à thé) de basilic

poivre de cayenne et sel de mer aromatique au goût

Suite page suivante

Soupe à l'orge (suite)

Partie 1

8 PORTIONS
PRÉPARATION : 10 MIN
CUISSON : 30 MIN

- Laver et cuire l'orge dans l'eau avec les légumes séchés 30 minutes.
- Rincer à l'eau froide et mettre de côté.

Partie 2

PRÉPARATION : 25 MIN
CUISSON : 55 MIN

- Couper les légumes.
- Ajouter l'eau, le jus de légumes, la tomate, le concentré de légumes, l'algue et le laurier. Laisser cuire 15 minutes.
- Ajouter l'orge, le maïs et les pois verts congelés et continuer la cuisson 5 minutes.
- En dernier lieu, ajouter la sauce tamari, le miso, l'huile, le basilic, le poivre de cayenne et le sel de mer aromatique si nécessaire.

En combinant du pain, des biscottes, du fromage ou des graines de tournesol grillées à cette soupe, elle devient alors un repas complet et nutritif.

Cette soupe peut aussi servir d'entrée pour un repas.

Toutes les vertus de l'orge

Mes desserts

Faits à partir de sucre brut ou de miel,
ces desserts proposent une transition agréable
vers des sucres entièrement naturels

Crème tofu aux fraises

Un vrai dessert-repas

750 ml (3 t.) de fraises fraîches ou congelées

1 bloc de tofu (mou)

85ml (⅓ t.) d'huile de soja ou de tournesol

125 ml (½ t.) de miel ou moins

1 ml (¼ c. à thé) de sel de mer

5 ml (1 c. à thé) de vanille

15 ml (1 c. à s.) de jus de citron

65 ml (¼ t.) de jus de fruits ou d'eau (au besoin)

4 PORTIONS
PRÉPARATION : 10 MIN
CUISSON : 5 MIN

- Si les fraises sont gelées, les placer dans un chaudron avec le miel, cuire 5 minutes et laisser refroidir.
- Émietter le tofu, mettre au mélangeur avec tous les autres ingrédients jusqu'à l'obtention d'une belle crème.
- Si c'est trop épais, ajouter du jus de fruits ou de l'eau.

Je varie la saveur en changeant le fruit (ananas, bleuet, pêche, banane, framboise…).

Pour accompagner un repas léger.

VOIR PHOTO PAGE 99

Croustade framboises et pommes

Savoureux chaud ou froid

6 pommes
500 ml (2 t.) de framboises
30 ml (2 c. à s.) d'eau
250 ml (1 t.) de sucre brut
250 ml (1 t.) de farine de blé mou
250 ml (1 t.) de flocons d'avoine
65 ml (¼ t.) de poudre de malt
175 ml (⅔ t.) d'huile de tournesol
cannelle

6 PORTIONS
PRÉPARATION : 10 MIN
CUISSON : 25 MIN

- Peler et couper les pommes en morceaux.
- Utiliser un moule de 8" X 10". Étendre les pommes, les framboises et l'eau.
- Mélanger tous les autres ingrédients avec l'huile et recouvrir les pommes et les framboises.
- Si le mélange est trop sec, ajouter de l'eau au besoin.
- Saupoudrer de cannelle et cuire à 180 °C (350 °F) 25 minutes.

Je remplace les pommes et les framboises par d'autres fruits au choix (fraises, bleuets…).

Biscuits secs aux noix

Pour l'heure de la tisane

85 ml (⅓ t.) de boisson de soja
190 ml (¾ t.) de sucre brut
5 ml (1 c. à thé) de vanille
85 ml (⅓ t.) d'huile de carthame
250 ml (1 t.) de farine de blé mou
2 ml (½ c. à thé) de sel de mer
2 ml (½ c. à thé) de poudre à pâte
1 ml (¼ c. à thé) de soda à pâte
315 ml (1 ¼ t.) de noix de coco
85 ml (⅓ t.) de noix de grenoble
125 ml (½ t.) de flocons d'avoine

24 BISCUITS
PRÉPARATION : 10 MIN
CUISSON : 15 MIN

- Mettre la boisson de soja, la vanille et l'huile au mélangeur.
- Mélanger ensemble la farine, le sel, le soda et la poudre à pâte puis ajouter au premier mélange.
- Ajouter les noix et les flocons d'avoine.
- Couper en deux pour former deux rouleaux. Envelopper dans du papier ciré.
- Déposer une nuit au congélateur.
- Développer et couper en tranches minces, mettre sur une tôle à biscuits non-graissée.
- Cuire à 180 °C (350 °F) pendant 15 minutes, puis retirer aussitôt de la tôle.

Cette recette se conserve 2 mois au congélateur : je coupe quelques tranches au besoin lorsque de la visite s'annonce à l'improviste.

Bonbons aux noix

Une friandise-santé

125 ml (½ t.) de noix d'acajou en poudre

125 ml (½ t.) d'amandes moulues

65 ml (¼ t.) de dattes hachées

65 ml (¼ t.) de raisins secs

45 ml (3 c. à s.) de noix entières

60 ml (4 c. à s.) d'eau

125 ml(½ t.) de noix de coco

15 ml (1 c. à s.) de beurre de noix d'acajou ou d'amandes

22 BONBONS
PRÉPARATION : 10 MIN

Pour moudre les noix, j'utilise un moulin à café.

∾ Mélanger ensemble les 5 premiers ingrédients, façonner de petites boules puis presser dans la noix de coco.

∾ Si le mélange est trop sec, ajouter un peu d'eau ou de beurre de noix d'acajou.

Se conserve très bien au réfrigérateur.

Une excellente collation énergétique.

Bouchées croquantes au caroube

Remplace la barre de chocolat

30 ml (2 c. à s.) d'huile de soja ou de tournesol
250 ml (1 t.) de capuchons de caroube sans sucre
65 ml (¼ t.) de noix de coco sans sucre
85 ml (⅓ t.) d'arachides
30 ml (2 c. à s.) de graines de tournesol
315 ml (1 ¼ t.) de riz soufflé grillé
5 ml (1 c. à thé) d'essence de vanille

BOUCHÉES
PRÉPARATION : 5 MIN
CUISSON : 5 MIN

- Faire fondre les capuchons de caroube avec l'huile, sur un feu très doux.
- Éteindre le feu, ajouter le reste des ingrédients et bien mélanger.
- Jeter à la cuillère sur une plaque à biscuits et réfrigérer 1 heure.

Vraiment exquis !

Bouchées croustillantes aux céréales

Des carrés mielleux

85 ml (⅓ t.) de beurre d'arachides
85 ml (⅓ t.) de beurre d'amandes (ou doubler le beurre d'arachides)
85 ml (⅓ t.) de miel
85 ml (⅓ t.) de sirop de riz (ou doubler le miel)
190 ml (¾ t.) de poudre de lait
85 ml (⅓ t.) d'amandes
750 ml (3 t.) de riz soufflé ou de millet soufflé

6 À 8 PORTIONS
PRÉPARATION : 10 MIN

- ☙ Mélanger tous les ingrédients.
- ☙ Huiler un moule de 9" X 9" et étendre la préparation.
- ☙ Bien presser et couper en carrés.

Les enfants dévorent cette gourmandise en tout temps !

Barres granola

Un sucré de bon goût

125 ml (½ t.) d'huile de tournesol
250 ml (1 t.) de sucre brut
5 ml (1 c. à thé) de vanille
250 ml (1 t.) de boisson de soja (ou autre) ou yogourt
335 ml (1 ⅓ t.) de farine de blé mou
5 ml (1 c. à thé) de soda à pâte
2 ml (½ c. à thé) de sel de mer
5 ml (1 c. à thé) de cannelle
425 ml (1 ⅔ t.) de céréales mélangées (gruau, germe de blé, son, ou autre)
250 ml (1 t.) de noix de coco
250 ml (1 t.) de raisins secs
125 ml (½ t.) de brisures de caroube
125 ml (½ t.) de noix

12 PORTIONS
PRÉPARATION : 15 MIN
CUISSON : 25 MIN

- Mélanger l'huile, le sucre brut, la vanille et la boisson de soja.
- Dans un autre bol, combiner ensemble la farine et tous les autres ingrédients puis verser dans le premier mélange.
- Étendre dans une grande tôle huilée de 10" X 15" ou deux plus petites. Presser cette préparation.
- Cuire à 180 °C (350 °F) 25 minutes.
- Laisser refroidir et couper en barres.

Collation très énergétique.

Carrés au miel et aux pacanes

Un sucré de bon goût

Partie 1

500 ml (2 t.) de farine de blé mou	
65 ml (¼ t.) de sucre brut	
125 ml (½ t.) d'huile de carthame	
30 ml (2 c. à s.) d'eau	

8 PORTIONS
PRÉPARATION : 5 MIN

- Mélanger le tout à la fourchette jusqu'à l'obtention d'un mélange granuleux.
- Tasser ce mélange au fond d'un moule non graissé de 8" X 10".
- Mettre de côté.

Partie 2

125 ml (½ t.) de miel
65 ml (¼ t.) de sucre brut
2 oeufs
125 ml (½ t.) de boisson de soja ou autre lait
250 ml (1 t.) de céréales granola non sucrées
30 ml (2 c. à s.) de farine de blé mou
pacanes entières
2 ml (½ c. à thé) d'essence d'érable

PRÉPARATION : 5 MIN
CUISSON : 25 MIN

- Fouetter le miel, le sucre brut, les œufs et la boisson de soja.
- Ajouter les céréales granola et la farine puis bien brasser.
- Verser cette préparation sur la base et garnir le dessus de pacanes.
- Cuire à 165 °C (325 °F) 25 minutes.

Remplace la tarte au sucre sans perdre le goût de sucré !

Fudge au caroube et au miel

Le ravissement des petits et des grands

45 ml (3 c. à s.) de beurre
175 ml (⅔ t.) de miel
5 ml (1 c. à thé) de vanille
85 ml (⅓ t.) de poudre de caroube
250 ml (1 t.) de poudre de lait
65 ml (¼ t.) de noix de grenoble hachées ou d'arachides ou plus

6 À 8 PORTIONS
PRÉPARATION : 5 MIN
CUISSON : 5 MIN

- Fondre le beurre, ajouter le miel et la vanille en brassant, réduire à feu très doux, environ 5 minutes.
- Mélanger ensemble la poudre de caroube et la poudre de lait puis les incorporer au premier mélange en brassant.
- Ajouter les noix ou les arachides.
- Verser dans un moule de 8" X 8" beurré, presser la préparation et saupoudrer de noix hachées le dessus pour décorer si désiré.
- Mettre au réfrigérateur de 2 à 3 heures puis couper en morceaux pour servir. Se conserve plusieurs mois au congélateur.

Pour les journées de fête !

Pouding au riz

Une collation nutritive

250 ml (1 t.) de riz basmati
1 l (4 t.) de boisson de soja ou autre lait
85 ml (⅓ t.) de miel ou de sucre brut (augmenter si pas assez sucré)
65 ml (¼ t.) de raisins secs (lavés)
5 ml (1 c. à thé) de vanille
cannelle

4 PORTIONS
PRÉPARATION : 5 MIN
CUISSON : 20 MIN

- Porter à ébullition le riz, la boisson de soja ou autre lait, le miel ou le sucre et les raisins secs. Laisser mijoter à feu très doux jusqu'à ce que le tout soit crémeux, environ 20 minutes.
- Ajouter la vanille puis verser dans un moule de 8" X 8" et saupoudrer le dessus de cannelle.
- Servir tel quel ou, si trop épais, ajouter du lait de soja.
- Servir nature ou avec une délicieuse purée de pommes.

Excellent dessert-repas.

Pâte à tarte à l'huile (facile)

Une réussite à tout coup

500 ml (2 t.) de farine de blé mou
1 ml (¼ c. à thé) de sel de mer
5 ml (1 c. à thé) de poudre à pâte
30 ml (2 c. à s.) de germe de blé
85 ml (⅓ t.) d'huile de soja, de tournesol ou de carthame
175 ml (⅔ t.) d'eau

2 ABAISSES
PRÉPARATION : 25 MIN

- Dans un grand bol, mélanger les ingrédients secs ensemble et creuser un trou au milieu.
- Mettre au mélangeur l'huile et l'eau pour rendre crémeux. Retirer. Verser en fontaine dans le bol.
- Mélanger légèrement le tout à la fourchette pour former une boule.
- Laisser reposer à la température de la pièce 20 minutes avant de rouler.

Facile !!!

Tarte spéciale aux pommes

Un goût si crémeux

6 à 8 pommes Cotland (6 tasses)
175 ml (⅔ t.) d'eau
85 ml (⅓ t.) de miel
5 ml (1 c. à thé) de vanille
65 ml (¼ t.) de fécule de tapioca
cannelle au goût
1 abaisse de tarte non cuite (voir recette précédente)

6 PORTIONS
PRÉPARATION : 10 MIN
CUISSON : 20 MIN

- Peler et couper les pommes en morceaux, ajouter tous les ingrédients et cuire 5 minutes à feu doux.
- Verser dans l'abaisse et cuire à 180 °C (350 °F) 20 minutes ou jusqu'à ce que le dessus soit doré.

Les pommes peuvent être remplacées par des pêches ou des poires.

Délicieuse tarte aux fruits

Fraîcheur de l'été

Partie 1

65 ml (¼ t.) d'huile de soja
45 ml (3 c. à s.) de miel
335 ml (1 ⅓ t.) de flocons d'avoine
30 ml (2 c. à s.) de raisins secs
65 ml (¼ t.) de chapelure de pain brun
15 ml (1 c. à s.) de sucre brut
30 ml (2 c. à s.) de noix de grenoble hachées
1 ml (¼ c. à thé) de cannelle
65 ml (¼ t.) d'eau

6 PORTIONS
PRÉPARATION : 25 MIN
CUISSON : 25 MIN

- Brasser ensemble l'huile et le miel.
- Ajouter les autres ingrédients et bien mélanger à l'aide d'une fourchette.
- Huiler une assiette à tarte, étendre la préparation et la presser partout dans le fond et les côtés.
- Cuire à 180 °C (350 °F) 15 minutes.

Partie 2

65 ml (¼ t.) de sucre brut
45 ml (3 c. à s.) de fécule de tapioca
500 ml (2 t.) de boisson de soja ou autre lait
5 ml (1 c. à thé) de vanille

CUISSON : 25 MIN

- Dans une casserole épaisse ou un bain-marie, mélanger tous les ingrédients et cuire à feu très doux pour épaissir.
- Retirer du feu et laisser refroidir.
- Verser ensuite sur la croûte et réfrigérer 2 heures.

Au moment de servir, je garnis de fruits à mon choix
(bleuets, framboises, pêches, poires…).

Croûte de tarte croustillante

Le bon goût du caroube !

425 ml (1 ⅔ t.) de flocons d'avoine
65 ml (¼ t.) de germe de blé
30 ml (2 c. à s.) de raisins secs
65 ml (¼ t.) de noix de grenoble hachées
1 ml (¼ c. à thé) de cannelle
15 ml (1 c. à s.) de poudre de caroube
30 ml (2 c. à s.) de poudre de malt
85 ml (⅓ t.) d'huile de carthame ou autre
30 ml (2 c. à s.) de sirop de malt
30 ml (2 c. à s.) de capuchons de caroube sans sucre
15 ml (1 c. à s.) d'eau

6 PORTIONS
PRÉPARATION : 5 MIN
CUISSON : 20 MIN

- Mélanger tous les ingrédients à la fourchette.
- Presser dans une assiette à tarte.
- Cuire à 170 °C (325 °F) environ 20 minutes.

N.B. : C'est délicieux avec le mélange « Purée de fruits pommes et ananas ».

VOIR PHOTO PAGE 99

Gâteau au caroube

Un p'tit goût chocolaté

500 ml (2 t.) de farine de blé mou
5 ml (1 c. à thé) de poudre à pâte
85 ml (⅓ t.) de poudre de caroube
85 ml (⅓ t.) de raisins secs
125 ml (½ t.) de capuchons de caroube
60 ml (4 c. à s.) d'huile d'olive
125 ml (½ t.) de miel
15 ml (1 c. à s.) de vinaigre de cidre
5 ml (1 c. à thé) de vanille
250 ml (1 t.) d'eau

6 À 8 PORTIONS
PRÉPARATION : 15 MIN
CUISSON : 30 MIN

- Mélanger les ingrédients secs.
- Mélanger les ingrédients liquides.
- Brasser le tout à la cuillère de bois, juste un peu pour bien mélanger.
- Graisser et enfariner un moule de 8" X 10".
- Cuire à 180 °C (350 °F) environ30 minutes.

Un gâteau léger comme tout !

Voici mon régal...

Mes desserts sans sucre représentent la santé,
le délice et la joie de tellement bien nourrir mon corps
avec la nature et de bons sucres énergétiques

Crème de bleuets ou de framboises

Onctueuse et fraîche

175 ml (⅔ t.) de fromage cottage 2 % ou de tofu
125 ml (½ t.) de yogourt nature ou yogourt de soja
5 ml (1 c. à thé) de vanille
500 ml (2 t.) de bleuets ou de framboises
1 banane bien mûre

2 PORTIONS
PRÉPARATION : 25 MIN
CUISSON : 25 MIN

↪ Déposer tous les ingrédients dans le mélangeur pour en faire une crème.

Idéale après un repas très léger ou comme collation.

Purée de framboises

Délicieuse seule ou sur du gâteau

500 ml (2 t.) de framboises fraîches ou congelées
500 ml (2 t.) de jus de pommes ou autre
30 ml (2 c. à s. comble) de fécule de tapioca

2 PORTIONS
PRÉPARATION : 5 MIN
CUISSON : 10 MIN

- Dans un chaudron, amener les ingrédients à ébullition.
- Réduire à feu doux et amener à épaississement en brassant environ 10 minutes.
- Je peux également prendre d'autres fruits au goût.

Parfaite pour accompagner des crêpes, des gâteaux, etc.

Carrés aux dattes

Difficile d'y résister

1 l (4 t.) de dattes dénoyautées
1 l (4 t.) d'eau
175 ml (⅔ t.) de noix de grenoble concassées
5ml (1 c. à thé) de vanille
750 ml (3 t.) de flocons d'avoine
750 ml (3 t.) de farine de blé mou
175 ml (⅔ t.) de poudre de malt
250 ml (1 t.) d'huile de carthame ou de tournesol, ou de soja
5 ml (1 c. à thé) de soda à pâte
65 ml (¼ t.) d'eau

16 PORTIONS
PRÉPARATION : 10 MIN
CUISSON : 35 MIN

- Cuire les dattes dans 1 litre d'eau à feu moyen 10 minutes pour épaissir et y ajouter, en dernier lieu, les noix et la vanille. Mettre de côté.
- Mélanger tous les autres ingrédients avec les mains.
- Mettre la moitié de cette préparation dans un plat huilé de 8" X 12" allant au four et presser bien ce fond.
- Verser ensuite le mélange de dattes et ajouter par-dessus le reste du mélange de flocons d'avoine. Presser légèrement.
- Cuire180 °C (350 °F) à 25 minutes.

Le bon goût sucré des dattes et rien d'autre. Les carrés aux dattes se congèlent facilement pour 2 à 3 mois.

Fudge au caroube (sans sucre)

À déguster sans aucun remords

30 ml (2 c. à s.) d'huile de soja ou de tournesol
500 ml (2 t.) de brisures de caroube non sucrées
175 ml (⅔ t.) de beurre d'arachides
125 ml (½ t.) de noix de coco
85 ml (⅓ t.) de noix de grenoble ou d'arachides
85 ml (⅓ t.) de raisins secs hachés
5 ml (1 c. à thé) de vanille

30 PORTIONS
PRÉPARATION : 5 MIN
CUISSON : 5 MIN

↦ Fondre sur feu doux l'huile, les brisures de caroube et le beurre d'arachides, réduire le feu à très doux.

↦ Ajouter les autres ingrédients et bien mélanger.

↦ Verser dans un moule de 8" X 8" et refroidir au réfrigérateur 2 heures.

↦ Couper et congeler.

Pour avoir toujours une petite gâterie en réserve pour mes invités ou simplement pour moi...

Purée de fruits (pommes et ananas)

Le bon goût du caroube

1 l (4 t.) de pommes
250 ml (1 t.) de jus d'ananas ou de pêches
30 ml (2 c. à s.) de fécule de tapioca
5 ml (1 c. à thé) de vanille
cannelle au goût
15 ml (1 c. à s.) de noix de coco au goût

6 PORTIONS
PRÉPARATION : 5 MIN
CUISSON : 20 MIN

- Peler et râper les pommes.
- Dans une casserole, mélanger tous les ingrédients.
- Chauffer à feu doux 5 minutes.

Idéale pour accompagner les gâteaux et crêpes ou encore, pour manger telle quelle.

Je peux également prendre la recette de la croûte de tarte croustillante pour me faire une tarte légèrement sucrée.

VOIR PHOTO PAGE 99

Tarte aux poires

Toute en douceur

3 poires (bien mûres)

500 ml (2 t.) de jus de poires

45 ml (3 c. à s.) de tapioca moulu (moudre au moulin à café)

65 ml (¼ t.) de noix de coco

cannelle au goût

un fond de tarte déjà cuit (à l'huile ou croustillante)

6 À 8 PORTIONS
PRÉPARATION : 5 MIN
CUISSON : 5 MIN

- Râper les poires. Déposer dans un chaudron avec les autres ingrédients, cuire à feu doux 5 minutes.
- Verser dans l'abaisse.
- Réfrigérer un peu avant de servir.

N.B. : On peut combiner ou remplacer par des pêches ou des bananes.

Tarte aux bananes-amandes

À essayer absolument

500 ml (2 t.) d'eau bouillante
250 ml (1 t.) de dattes
pincée de sel de mer
85 ml (⅓ t.) d'amandes ou de noix d'acajou
5 ml (1 c. à thé) de vanille
30 ml (2 c. à s.) de farine de marante
30 ml (2 c. à s.) de tapioca moulu (moudre au moulin à café)
1 fond de tarte cuit
2 bananes
65 ml (¼ t.) de noix de coco
fruits frais (fraises, pêches, bananes) au goût

6 PORTIONS
PRÉPARATION : 5 MIN
CUISSON : 10 MIN

- Mettre au mélangeur tous les ingrédients sauf les bananes et la noix de coco.
- Cuire à feu très doux en brassant environ 10 minutes.
- Garnir le fond de tarte cuit de tranches de bananes et verser la préparation déjà refroidie.
- Décorer de fruits frais et de noix de coco au goût.

N.B. : Si la préparation est trop claire, j'ajoute du tapioca.

Cette recette peut servir de repas-dessert, de collation ou encore de dessert après un repas léger.

Tarte aux raisins

Ma tarte préférée

500 ml (2 t.) d'eau
250 ml (1 t.) de jus de fruits naturel (pommes, raisins ou pruneaux)
375 ml (1 ½ t.) de raisins secs
45 ml (3 c. à s.) de tapioca moulu (moudre au moulin à café)
5 ml (1 c. à thé) de vanille
muscade et cannelle

6 PORTIONS
PRÉPARATION : 5 MIN
CUISSON : 10 MIN

- Dans un chaudron, déposer l'eau, le jus et les raisins secs et les laisser tremper 3 heures.
- Porter à ébullition, ajouter le tapioca et brasser jusqu'à épaississement environ 10 minutes.
- Ajouter la vanille, la muscade et la cannelle.
- Verser cette préparation dans un fond de tarte non cuit (voir recette « Pâte à tarte facile ») et recouvrir d'une autre pâte avec de bonnes incisions pour empêcher que ça renverse.
- Je peux également faire un «trottoir».
- Cuire à 180 °C (350 °F) 25 minutes.

Se congèle très bien. Décongeler au four à 120 °C (250 °F) ou au micro-ondes.

Gâteau de fête Monic

Une célébration pour le palais

Partie 1

85 ml (⅓ t.) de dattes	
85 ml (⅓ t.) d'eau	
250 ml (1 t.) de pêches	

6 À 8 PORTIONS
PRÉPARATION : 5 MIN
CUISSON : 10 MIN

- Cuire les dattes dans l'eau à feu moyen pour épaissir environ 5 minutes.
- Ajouter les pêches et laisser mijoter encore 5 minutes.
- Laisser refroidir.

Partie 2

85 ml (⅓ t.) d'huile de carthame ou autre	
2 oeufs	
5 ml (1 c. à thé) de vanille	
375 ml (1 ¾ t.) de carottes râpées	
85 ml (⅓ t.) de noix de grenoble	
500 ml (2 t.) de farine de blé mou	
10 ml (2 c. à thé) de poudre à pâte	
1 ml (¼ c. à thé) de soda à pâte	

PRÉPARATION : 10 MIN
CUISSON : 35 MIN

- Mélanger l'huile, les œufs, la vanille, la purée de dattes et de pêches.
- Bien mélanger à la cuillère de bois puis incorporer les carottes râpées et les noix.
- Ajouter la farine avec la poudre à pâte et le soda ; mélanger sans trop brasser.
- Verser dans un moule 8" X 8" huilé.
- Cuire 170 °C (325 °F) 35 minutes.

Je le déguste nappé d'une purée de fruits à mon choix.

Muffins aux ananas et aux noix

J'aime leur goût peu sucré

175 ml (⅔ t.) de poudre de malt
625 ml (2 ½ t.) de farine de blé mou
2 ml (½ c. à thé) de soda à pâte
10 ml (2 c. à thé) de poudre à pâte
5 ml (1 c. à thé) de cannelle
une pincée de sel de mer
65 ml (¼ t.) de noix de grenoble
500 ml (2 t.) d'ananas en conserve broyés (sans sucre)
85 ml (⅓ t.) d'huile de carthame
5 ml (1 c. à thé) de vanille

10 MUFFINS
PRÉPARATION : 10 MIN
CUISSON : 20 À 25 MIN

- Mélanger les ingrédients secs ensemble.
- Mélanger les ananas avec l'huile et la vanille. Incorporer au premier mélange.
- Verser dans des moules à muffins huilés.
- Cuire au four à 180 °C (350 °F) de 20 à 25 minutes.

N.B. : Les ananas se remplacent agréablement par des pommes râpées.

Muffins aux bleuets

Tout le parfum et le goût du bleuet

375 ml (1 ½ t.) de dattes
375 ml (1 ½ t.) d'eau
65 ml (¼ t.) d'huile de tournesol
1 oeuf
625 ml (2 ½ t.) de farine de blé mou
10 ml (2 c. à thé) de poudre à pâte
2 ml (½ c. à thé) de soda à pâte
5 ml (1 c. à thé) de vanille
375 ml (1 ½ t.) de bleuets

6 À 8 MUFFINS
PRÉPARATION : 10 MIN
CUISSON : 40 MIN

- Cuire les dattes dans l'eau jusqu'à épaississement, environ 10 minutes et laisser refroidir.
- Ajouter l'huile, l'œuf et la vanille à la préparation de dattes.
- Incorporer la farine, la poudre à pâte, le soda à pâte et les bleuets. Mélanger légèrement sans trop brasser.
- Verser dans des moules à muffins huilés.
- Remplir les moules avec la pâte au ¾ et cuire à 180 °C (350 °F) 30 minutes.

À l'occasion du déjeuner ou pour le brunch du dimanche.

Autres titres disponibles dans la même collection

Colombe Plante
Les combinaisons alimentaires

Colombe Plante
Le Soja le Tofu et le Seitan

Colombe Plante
Les Barbecues Santé

Colombe Plante
Muffins et Brioches Santé

www.AdA-inc.com
info@AdA-inc.com

Colombe Plante
Je mange les desserts de la nature
Sans sucre

Colombe Plante
Maigrir facilement en mangeant santé

Colombe Plante
La boîte à lunch santé

En vente dans les librairies et les magasins d'aliments naturels.